YAMAKAWA LECTURES
5

ピエール=イヴ・ボルペール

「啓蒙の世紀」のフリーメイソン

もくじ

LES FRANCS-MAÇONS AU SIÈCLE DES LUMIÈRES

PAR PIERRE-YVES BEAUREPAIRE

TABLE DES MATIÈRES

ボルペールとフリーメイソン史研究の新地平

深沢克己

ボルペール氏との出会い

わたくしがピエール゠イヴ・ボルペール氏の名前を知ったのは、いまからちょうど一〇年まえ、フランス新刊書のカタログで彼の学位論文『他者と兄弟――十八世紀フランスにおける外国人とフリーメイソン団』[1]を見つけたときである。啓蒙期フランスの社会史または社交関係史を研究するうえで、フリーメイソン団がきわめて重要な素材を提供することは、モリス・アギュロン、ラン・アレヴィ、ダニエル・ロッシュ[2]らの諸著作を通じて確信を深めていたので、さっそく注文することにした。とどいた書物を手にして、八六〇頁を超える大部の著作であるばかりでなく、その内容のすばらしさに感嘆し、吸いこまれるように読みすすんだ。従来の諸研究では、都市単位でフリーメイソン会所[3]の統計を作成して地域別分布を論じたり、各会所の社会階層別構成からその貴族的または平民的性格を論じたりする方法が主流だった。これに対してボルペール氏の著書は、たえず移動し文通し交流するフリーメイソン個々人の軌跡を追跡しながら、それらを集合的データに編成し、そこから人と人との関係の織りなすネットワークを、都市や地域を超え、さらに国境を超えて、スコットランドからイタリアまで、またポルトガルからロシアまで、文字通り全ヨーロッパ的視野のもとに再構成する手法を駆使していた。しかもこの学位論文が、まだ二十歳代後半の青年の作品であることを知って、驚嘆の念はますます深まった。この輝かしい才能をもつ若手研究者とぜひとも会ってみたい、と思うようになった。

その機会は二〇〇三年三月に訪れた。わたくしがパリ＝ソルボンヌ大学で招待講演を依頼されたおり、主催者のジャン＝ピエール・プスー教授を通じてボルペール氏に連絡をとり、面会の希望を伝えていただいたからである。こうしてボルペール氏とは講演会場で知りあい、その後ほかの人びととも一緒に夕食をともにしながら語りあうことができた。さぞかしエリート臭の強い秀才タイプだろうと予想していたが、お会いしてみると控えめで謙虚で穏和な人物なのにすっかり感心し、ぜひ日本に招待して、今後の交友関係を固めたいと考え、その場で提案し受諾してもらった。

翌二〇〇四年四月、日本学術振興会外国人短期招聘《しょうへい》研究者として、ボルペール氏は日本を訪れ、東京大学、東京日仏会館および神戸大学で合計四回の講演・セミナーをおこなった。氏は当時オルレアン大学准教授からニース大学教授に転任したばかりで、公私ともに繁忙をきわめた時期だったが、無理をおして招待に応じてくださった。そしてわたくしの期待したとおり、氏はその学識によりわが国の研究者に強烈な印象を与えたばかりでなく、その温かい人柄により多くの学生たちをひきつけた。わたくしの指導する大学院生のなかには、いまでも手紙や電子メイルでボルペール氏に連絡をとり、個人的に指導をお願いしている例が少なくない。またわたくし自身は翌二〇〇五年に客員教授としてニース大学に招待され、数カ月間を同じ職場ですごすことにより、氏が研究の組織化においても学生の教育においても傑出した能力をもつ指導者であることを、身近に観察することができた。氏が教授に就任してからのニース大学は、数々の国際シンポジウム開催などを通じて、フリーメイソン史研究、さらには広く社会文化史研究の国際拠点として、全ヨーロッパ的な研究者交流の十字路になりつつある。

本書に収録したのは、ボルペール氏が二〇〇四年の日本滞在中におこなった講演・セミナーの原稿から、三点を選んで訳出したものである。もちろん講演原稿という制約はあるが、そこに含まれる方法論の斬新さと視野の広さは充分に伝わるだろうと信じている。とはいえ氏独自の研究の意義と射程を理解するには、わが国ではまだ知られざる存在といってよいフリーメイソン団について、その基本性格と研究動向をここで整理しておくのが適切かもしれない。

多様性と矛盾に満ちた社交団体

今日でもなお、フリーメイソン団にまつわる通俗的なイメージは、闇と謎につつまれた秘密結社のそれである。部外者をいれない閉鎖的な空間で、意味不明の象徴や儀式を共有し、秘密の理想に到達するために活動する暗黒結社のイメージは、通俗文学や大衆向け映画には恰好の素材になっている。しかもこの通俗的観念は、一部の文学・思想研究者のあいだで無意識に受容され、ときには意図的に誇張されて、教養ある読者にも影響を与えている。モーツァルトがフリーメイソンだった事実が、あたかもこの音楽家の「影の部分」であるかのように叙述するのも、このような偏見の所産であるといってよい。

しかし他方では、「啓蒙の世紀」に関する近年の歴史書[4]や、社会学者ユルゲン・ハーバマスの「公共性」論[5]が、フリーメイソン団の重要性を強調するにつれて、それがサロンやコーヒーハウスや読書協会とならぶ開放的な社交形態であり、合理的・啓蒙主義的な世界観を普及させる媒体になったという認識が広まりつつある。さらにオギュスタン・コシャン[6]の「思想協会」論を背景として、修正派フランス革命史家フランソワ・フュレ[7]の影響下に、ラン・アレヴィ[8]が「民主的社交組織」の代表例としてフリーメイソン会所を論じた結果、革命的ジャコバン主義の先駆形態という古い解釈が部分的に復活した。この場合のフリーメイソン団は、自由・平等・友愛の精神を体現し、政治性をおびた市民的社交団体とみなされる[9]。

一見してほとんど共通性のないこれら両極端の解釈をまえにして、多くの研究者がとまどいを感じるのは当然である。たしかにフランス革命期からナチス体制下のドイツまで、フリーメイソン団を革命や民主主義の温床として敵視する政治勢力は、これら二つのイメージを恣意《しい》的に結びつけ、そこから「陰謀説」を導こうとした。しかしこの種の政治的プロパガンダに満足しない研究者にとって、フリーメイソン団の思想的・社会的性格を統一的に理解するのは、それについて知識を深めれば深めるほど、ますます困難になるように思われるだろう。なぜならばこの秘密友愛団の本質的特徴は、まさしくそれが矛盾対立する一連の諸要素を内包し共存させる点にあるからである。

これらの諸要素をいくつか列挙してみよう。まず開放性と閉鎖性については、フリーメイソン団は（原則として）身分・職業・国籍・宗教の差別なくすべての人を「兄弟」として受け入れるコスモポリタンで開かれた社交団体であるが、他方では団員と非団員、すなわち「秘儀伝受者」と「俗人」を峻別し、前者の知識・象徴・儀礼は厳格な秘密とされ、後者に対して閉ざされる。つぎに平等精神については、たしかに会所の内部ではすべての兄弟は平等であり、王侯貴族と靴職人が親しく対等に語りあうこともできるが、他方では団体内部の位階制がしだいに発達して、その上層部には特権的・エリート的集団が形成され、ときには上級位階が閉鎖的な内部団を結成して、下級位階に対して閉ざされる場合もみられる。

さらに哲学的・思想的側面については、一般に啓蒙思想とのかかわりが強調され、理性の重視と合理主義、科学・文学・芸術の振興と普及、博愛主義的な慈善・救済・互助活動などが特徴とされるが、他方では古代と中世、またはルネサンス期にさかのぼる多様な秘教思想、すなわち錬金術・ヘルメス学・ユダヤ教カバラー・神智学・薔薇十字思想などの伝統を継承し、それらの象徴体系に依拠しながら「秘密の知識」または「失われた言葉」

を探究する神秘的傾向をもつ。それゆえこの友愛団が、伝統と近代のどちらに所属するのかを判定するのはむずかしい。

したがってまた、宗教との関係についても、通常はその理神論的性格が強調され、啓示宗教としてのキリスト教を相対化しながら、それを抽象的な「宇宙の創造主」への信仰に還元すると解釈されるが、ドイツでははやくからルター派敬虔主義の思想的環境のもとで、神秘的・キリスト教的フリーメイソン運動が発生し、イギリスでも十九世紀以降はイングランド国教会との関係を深めつつ、唯一神への信仰をメイソンの基本的義務とみなすようになる。これに対して同時代のフランスとベルギーでは、ローマ教皇庁による敵視政策に反発して反教権主義の姿勢を強め、不可知論と世俗主義の立場から政教分離を促進する潮流が支配的になる。要するにフリーメイソン団は、これら相互に矛盾する多様な諸要素の複合体としてあらわれる。

「カメレオン的社交組織」(sociabilité caméléon)

フリーメイソン団がこのように複雑な外観を呈するようになった理由は、それが絶対的な権威をもつ教義や教典を欠いていたからである。たしかにロンドンで一七二三年に公表された『フリーメイソン憲章』、通称『アンダーソン憲章』は、友愛団を制度化するための基本文書になった。しかしこの憲章がイギリスでも何度か修正を加えられた事実が示すように、それは神聖不可侵な教典ではなく、また当時ヨーロッパ諸国のメイソン界で、この文書がさほど広く読まれたわけではない事実から、それが普遍的規範としての権威を確立できなかったことが理解される。なぜならば『アンダーソン憲章』は、中世石工団体の規約文書に必要な変更を加えて新規約をつくり、秘密友愛団の伝説を太古にさかのぼり歴史的に記述したにすぎず、神の啓示のような定言的命法を含まないからである。つまりそこには預言や福音のようなカリスマ的行為はなく、伝統の継承と称揚があるだけなので、兄弟たちはこの伝統を自由に解釈し発展させる余地を見出したのである。

こうしてフリーメイソン団は、はやくも「啓蒙の世紀」前半から、ヨーロッパ諸国住民の多様な社会的・文化的・思想的欲求の受け皿になった。それは社交クラブ、相互扶助団体、学術アカデミー、文芸協会、親睦団体、球戯同好会、宴会組織などを同化吸収して拡大し、ときには幾何学の研究や抒情詩の朗読と、錬金術の実験や降霊術の儀式とを同居させ、保守的なカトリック聖職者も、急進的な啓蒙主義者も等しく受け入れることにより、多様で柔軟性のある社交団体として発展した。それは時代の思想潮流や社会環境や政治変動にすみやかに適応できる融通性の高い組織、ボルペール氏の表現を借りれば「カメレオン的社交組織」[10]だったがゆえに、数々の戦争や迫害をのりこえて、三〇〇年ものあいだ生命をたもち、いまなお七〇〇万人ないし八〇〇万人の加入者数をほこる世界最大の秘密友愛団として存続しているのである。

またそうであればこそ、フリーメイソン団はそれぞれの時代の社会的・文化的・政治的現実を映し出す鏡となり、いわば錬金術師のフラスコのように、大宇宙のいとなみを小宇宙のなかに反映させる。とりわけ社会史または社会文化史の研究を困難にさせるのは史料の欠如であるが、フリーメイソン団の史料は不完全ながら大量に保存されており、そこには系統的分析を可能にする均質的史料も含まれる。[11]さらに二〇〇〇年十二月にモスクワからパリに返還されたいわゆる「ロシア文書」[12]は、まだほとんど未開拓の新史料であり、ボルペール氏が精力的に発掘しつつある「自己文書」(ego-documents)とあわせて、社会の内奥にせまる歴史研究のために、たぐいまれな鉱脈を形成しているのである。

歴史研究のアプローチとボルペール氏の貢献

フリーメイソン団が、思想面でも活動面でも多様な諸要素を内包するのに対応して、その歴史研究も多様なアプローチを許容することになる。そのうちもっとも古典的なアプローチは、団体内部の研究者による正史的記述であり、友愛団の起源・象徴・儀礼・制度を分析し、統轄団体の成立・発展・分裂・統合の過程を再構成することに主眼をおく。このような内部研究を目的とする研究組織は、一八八四年にイングランド合同大会所内に創設された「四人の戴冠者」二〇七六番会所をその嚆矢《こうし》とする。これまで邦訳された入門書のほとんどは、この正史的記述に属する概説書であるといってよい[13]。

この「メイソン学」的記述に対して、「俗人」歴史家による実証的研究は、ピエール・シュヴァリエにより確立されたが、その内容は実証主義史学の伝統にしたがい、制度史と政治史にかたより、国民的枠組みの内部で、統轄団体の変遷や政治権力との関係を論じることに重点がおかれ、社会的次元の分析は不充分であるといわざるをえない[14]。これに対して、冒頭に引用したモリス・アギュロンやダニエル・ロッシュの研究は、社交組織の単位としてフリーメイソン会所を地域別に研究し、考察対象を社会的次元に拡大したが、その分析手法はなお静態的な社会構造論の枠組みに依拠しており、会所組織の枠組みを超えた社交関係の動態的側面には分析がおよばず、したがってこの友愛団の広域的・国際的な活動次元を充分に解明するにはいたらなかった。

ボルペール氏の貢献は、これら先行諸研究の限界を克服し、一方で「メイソン学」の袋小路を脱却しながら、他方で実証主義史学から「アナール学派」にいたる歴史学の展開を批判的に継承した点にある。その貢献を箇条書風に整理すれば、まず第一に統轄団体の制度・組織・権限の分析に終始するパリ中心史観を批判して、地方諸会所の自律的な運動、とくに海港諸都市や境域諸都市などの王国周縁部の先駆的役割を解明した。

第二にこれと関連して、フランス王国内に視野を限定する国民主義史観を批判し、周縁諸都市の展開する国境横断的な会所ネットワークを分析すると同時に、旅行者・商人・船乗り・外交官・軍人・学生などの移動する人びととフリーメイソン団との親和性に着目し、とりわけ亡命ユグノやジャコバイトなどの「ディアスポラ」（離散の民）の推進的役割を実証することにより、友愛団の真に国際的・コスモポリタン的な性格を解明した。

さらに第三に、こうして制度史を社会史に変換し、「上から」の視点を「下から」のそれに転換させたばかりでなく、社会史の方法自体にも革新的論点を導入した。すなわちエルネスト・ラブルスとフェルナン・ブロデルにより確立された構造論的社会史が、個人の存在を職能集団や身分団体や社会階層のなかに解消する集合的決定論に傾いたのに対して、個人の「主体的自由」を強調する古典的な方法的個人主義に回帰するのではなく、個人の軌跡を社会的・経済的・文化的・政治的環境のなかに再置しながら、それらを集合的人物誌(prosopographie)として編成することにより、個人と社会との図式的対立を克服することを提案した。

そして第四に、この方法論を実践するための史料として、私的書簡・日記・旅行日誌など、広義の「自己文書」を広く収集し、それらの相関データ・ベースを作成することにより、個人的軌跡の集積から社交関係の網状組織を再構成する作業に着手したのである。[15]

このように批判的で野心的なボルペール氏の研究戦略は、本書に収録した講演集、とくに第三章「フリーメイソン研究史上の諸問題」によく表現されている。わたくし自身はおおむね氏の議論に共感し賛同しているが、もちろんすべての点で意見が一致しているわけではない。たとえばフランスにおける研究の現状について、氏の批判はいささかきびしすぎるような気もする。たしかに団体の起源や象徴体系の研究を偏愛する「メイソン学」の袋小路はあり、また一九八〇年代以降、多くの「俗人」歴史家がフリーメイソン史研究を放棄したのも事実だが、それでもフランスの現状は、他国のそれと比較してさほど悲観的であるとは考えにくい。文化的「フランス中心主義」への自己反省が、ここでは少し自虐的な色彩をおびているように思われる。

またボルペール氏の関心が、国際社交史の重層的空間を視野におさめ、全ヨーロッパ規模の交友関係を縦横に追跡し、そこに生じる他者受容や異文化共存の問題を考察することに集中した結果、秘密友愛団の思想的側面、とくに高位階制に結びつく秘教的側面は、いくらか後景にしりぞいた印象を与える。氏が発掘した興味深い事実のひとつは、高位階の授与が会所内の昇位儀礼をともなわず、個人的な秘儀伝授により実行される場合であるが、[16]国際的交友関係の目くるめく運動の背後に、不可視の世界を探究する神秘的冒険がひとつの底流をなした現象は、「啓蒙の世紀」の裏面を解明する作業の一環として、深めた研究を必要とするように思われる。

しかし以上は、いずれも重点のおきかたに関する相対的な問題点にすぎない。すべてを見通す学識と洞察力をもつボルペール氏は、昨年ようやく不惑の年齢をむかえたばかりであり、これからも精力的に新しい分野を開拓しつつ、フランス歴史学の進展に貢献するにちがいない。

翻訳の方針について

本書はフリーメイソンに関する歴史文献としては最初の邦訳書になるので、今後わが国での研究に基礎を与えるべく、基本用語の翻訳には最大限の注意をはらったつもりである。その際とくに安易なカタカナ表記はできるだけ排除し、日本語の語彙から適切な用語を創出しようと努力した。たとえばLodge（英）Loge（仏）は、通常「ロッジ」とカナ表記されるが、本書では「会所」の訳語をあてた。これは現在でも「碁会所」などの用語に残っているが、歴史的には平安・室町期の貴人の客殿、江戸期には株仲間の事務所や取引所の意味にもちいられ、また「長崎会所」のように商人の自治団体にも適用された。ところでフリーメイソンの「ロッジ」も、たんに集会の場所だけでなく、そこにつどう人びとの集団・組織・制度を意味し、またフランス語の「ロージュ」やイタリア語の「ロッジャ」は、商人の集まる取引所をも意味した。それゆえいずれも多様な歴史的含意をもつこれら二つの言葉を対応させるのは、適切な選択ではないかと考える。その必然的結果として、Grand Lodge（英）Grande Loge（仏）は「大会所」、Lodge Master（英）Vénérable Maître（仏）は「会所長」、Grand Master（英）Grand Maître（仏）は「大会所長」と訳した。

現代の日本社会でカタカナ語がますます氾濫し、本来の日本語を駆逐しつつある現状を考慮すれば、こんな努力は不必要ではないか、という意見もあるだろう。しかしわたくし自身は、日常用語と学術用語とを問わず、このカタカナ語の野方図な氾濫こそは、日本文化の衰退と自立性喪失のまぎれもない徴候であると考えている。また事情を知る人びとは、そもそも日本のフリーメイソン団体が、「ロッジ」「グランド・マスター」「スコティッシュ・ライト」などカナ書きを優先的に使用しているのだから、それに準拠すべきではないかと主張するかもしれない。しかしわたくしの個人的見解では、このようなカナ書き優先の傾向は、友愛団が日本社会に浸透していない原因でも結果でもある。現在の日本グランド・ロッジの統轄下には一五会所が活動し、会員総数は約二〇〇〇人といわれるが、そのうち日本人は二〇〇人前後であり、約九割は外国人（とくに英語圏の人びと）が占めているので、日本語化の努力に熱心でないのも無理はない。しかしたとえばキリスト教の導入に際して、教会・牧師・小教区などの基本用語を日本語化せず、「チャーチ」「パスター」「パリッシュ」などとカタカナ語でやっていたら、はたしてキリスト教は日本社会に定着しただろうか、と問うてみるのは無意味ではないだろう。それゆえわたくしは、日本メイソン界の用語法とはひとまず距離をおいて、歴史研究のために適切な訳語を考案しようと努めた。本書がわが国の若い研究者の関心を呼びさまし、彼らのためにフリーメイソン史研究の入門書として役立つことを祈っている。

本訳書の刊行計画は四年前にさかのぼるが、わたくしの個人的事情により作業が遅れた。

そのためボルペール氏と山川出版社編集部には多大な御迷惑をおかけした。この場を借りてお詫びしたい。また講演原稿中に使用された若干のギリシア語表現については、東京大学大学院人文社会系研究科の同僚・橋場弦氏に貴重な御教示をいただいた。末筆ながらここで御礼を申し上げる。

1 Pierre-Yves Beaurepaire, *L'autre et le frère. L'étranger et la franc-maçonnerie en France au XVIII*[e] *siècle*. Paris: Honoré Champion, 1998. ボルペール氏の業績については、巻末の主要著作を参照。

2 Maurice Agulhon, *Pénitents et francs-maçons de l'ancienne Provence. Essai sur la sociabilité méridionale*. Paris: Fayard, 1968, nouvelle édition, 1984; Ran Halévi, *Les loges maçonniques dans la France d'Ancien Régime, aux origines de la sociabilité démocratique*. Paris: Armand Colin, 1984; Daniel Roche, *Le siècle des Lumières en province. Académies et académiciens provinciaux, 1680－1789*. 2 vols. Paris: Éditions de l'EHESS, 1978.

3 フリーメイソン関連の専門用語については、巻末の「基本用語解説」を参照。

4 邦訳書では、たとえばクシシトフ・ポミアン『ヨーロッパとは何か――分裂と統合の一五〇〇年』（松村剛訳、平凡社、一九九三年）、ウルリヒ・イム・ホーフ『啓蒙のヨーロッパ』（成瀬治訳、平凡社、一九九八年）など。福井憲彦編『結社の世界史3　アソシアシオンで読み解くフランス史』（山川出版社、二〇〇六年）は、啓蒙期フリーメイソンについて数頁をあてて記述しているが、残念ながら根拠の不確実な推論が多く含まれる。

5 ユルゲン・ハーバーマス『公共性の構造転換——市民社会の一カテゴリーについての探究』(第二版、細谷貞雄・山田正行訳、未來社、一九九四年)。

6 Augustin Cochin, *Les sociétés de pensée et la démocratie moderne. Études d'histoire révolutionnaire*. Paris: Plon, 1921.

7 François Furet, *Penser la Révolution française*. Paris: Éditions Gallimard, 1978; nouvelle édition, 1983 (フランソワ・フュレ『フランス革命を考える』大津真作訳、岩波書店、一九八九年).

8 Ran Halévi, *op. cit.*

9 フリーメイソン会所の政治性を強調する視点は、アメリカ人研究者マーガレット・キャンディー・ジェイコブの諸著作にも継承されている。Margaret C. Jacob, *Living the Enlightenment. Freemasonry and Politics in Eighteenth-Century Europe*. New York/Oxford: Oxford University Press, 1991; id., *The Origins of Freemasonry. Facts and Fictions*. Philadelphia: University of Pennsylvania Press, 2006.

10 Beaurepaire, *L'Europe des francs-maçons, XVIII*^{e}–*XXI*^{e} *siècles*. Paris: Belin, 2002, p. 43.

11 フリーメイソン史の基礎史料は、パリ所在のフランス国立図書館手稿文書室フリーメイソン文書であり、その主体はフランス大東方会文書から構成される。

12 第二次世界大戦中にドイツ占領軍により押収されたフリーメイソン関係文書の一部はドイツに輸送され、さらに大戦末期にソ連軍により持ち去られて、行方不明のまま五〇年以上もモスクワ国家中央特別文書館に保存されていたが、フランスに返還されたのち、現在はパリ市内のフランス大東方会図書館で保管され公開されている。

13 たとえばポール・ノードン『フリーメーソン』(安斎和雄訳、白水社、一九九六年)、リュック・ヌフォンテーヌ『フリーメーソン』(村上伸子訳、創元社、一九九六年)など。日本人のメイソン指導者による入門書としては、次のものがある。片桐三郎『入門フリーメイスン全史——偏見と真実』(アムアソシエイツ、二〇〇六年)。

14 Pierre Chevallier, *Histoire de la franc-maçonnerie française*. 3 vols. Paris: Fayard, 1974–1975. とはいえ、一七六〇年代におけるフランス大会所分裂から七三年のフランス大東方会結成にいたる過程を、パリ・メイソン界内部の社会対立の視点から解明したのは、シュヴァリエの不滅の業績である。*Ibid.*, t. I, pp. 109–194.

15 以上の方法論と史料論については、ボルペール氏のつぎの著書に詳細な論述がある。Beaurepaire, *L'espace des francs-maçons. Une sociabilité européenne au XVIIIe siècle*. Rennes: Presses Universitaires de Rennes, 2003, pp. 39–108. 私的書簡や「内心の記録」は、最近では歴史研究と文学研究とに共通の関心対象になっている。Pierre Albert (dir.), *Correspondre jadis et naguère*. Paris: Éditions du CTHS, 1997; Jean-Pierre Bardet et François-Joseph Ruggiu (dir.), *Au plus près du secret des cœurs? Nouvelles lectures historiques des écrits du for privé en Europe du XVIe au XVIIIe siècle*. Paris: PUPS (Presses de l'Université Paris-Sorbonne), 2005; Michel Cassan, Jean-Pierre Bardet et François-Joseph Ruggiu (dir.), *Les écrits du for privé. Objets matériels, objets édités*. Limoges: Pulim (Presses universitaires de Limoges), 2007.

16 Beaurepaire, *L'espace des francs-maçons (op. cit.)*, pp. 85–93.

＊本文中の(　)は著者による註記、〔　〕は訳者による補足説明である。

LES FRANCS-MAÇONS AU SIÈCLE DES LUMIÈRES

PAR PIERRE-YVES BEAUREPAIRE

フリーメイソンと啓蒙主義

1　啓蒙空間と世界共和国

クシシトフ・ポミアンは、彼の著書『ヨーロッパとその諸国民』（邦訳名『ヨーロッパとは何か――分裂と統合の五〇〇年』）のなかで、「啓蒙の世紀において、フリーメイソン団はヨーロッパ規模の組織になるが、それはカトリック教会をのぞけば唯一のヨーロッパ規模の組織なのである」と書いています。実際にフリーメイソン団は、はやくも十八世紀の最初の三分の一世紀から大陸各地に広まり、東インド、カリブ海、北アメリカなどに建設された多数の初期植民地まで含めれば、世界中に広まっています。

ヨーロッパ空間への広がりを概観すれば、このことはすぐわかります。ダブリンがメイソンの光明に目覚めたのは、公式には一七二三年です。グレイト・ブリテン島では、スコットランド・メイソンの灯明は一五九九年にさかのぼり、のちに一六四六年には、内戦中のイングランド北部でメイソンの集会が開かれた記録があらわれます。ロンドンでは一六七〇年代以降メイソン活動が活発化し、やがて一七一七年六月二十四日にロンドン大会所が創立されると、メイソン運動の制度化がはじまりました。

イベリア半島では、一七二八年にリスボンとマドリッドで、二九年にはジブラルタルで、最初の会所の灯がともされます。パリではおそくとも一七二五年に、ジュネーヴでは三六年に、会所の活動が確認され、オーストリア領南ネーデルラントでは、三〇年にトゥルネとヘントにメイソン団が導入されます。ネーデルラント連合州〔オランダ〕では、はやくも一七二〇～二一年に、ロッテルダムで先駆的な活動がありましたが、つづいて三四年にはデン・ハーグ、三五年にはアムステルダムがこの先例にならいます。イタリアにも同時期に波及し、カラブリアに一七二三年頃、フィレンツェに三二年、ローマとナポリには三四年に導入されました。

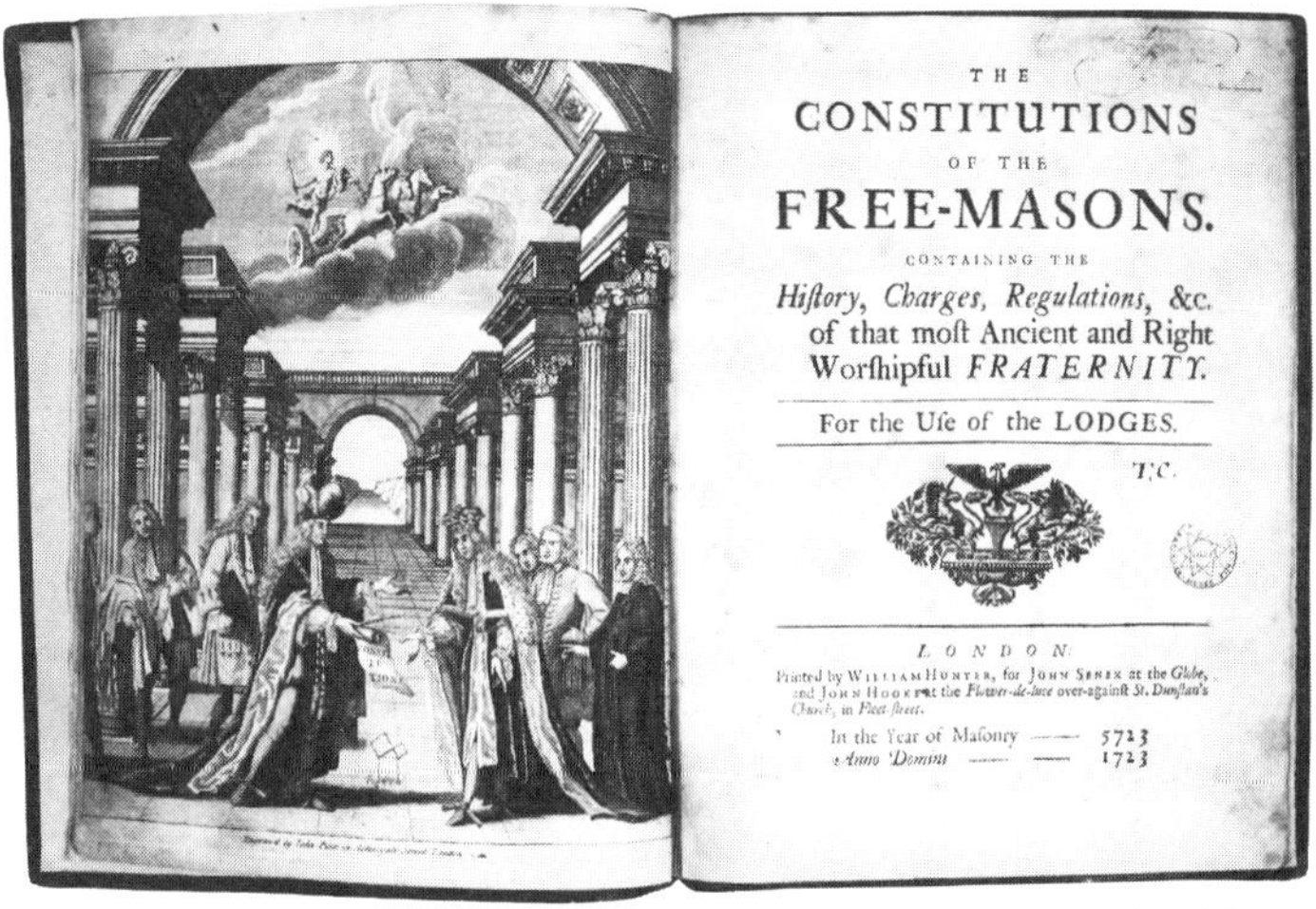

『フリーメイソン憲章』，通称『アンダーソン憲章』初版(ロンドン，1723年)扉絵
1721年度のロンドン大会所長モンタギュ公ジョンが，次年度の大会所長ウォートン公フィリップに，憲章を手渡している場面。右端にはフランス出身の国教会牧師ジャン＝テオフィル・デザギュリエの姿がみえる。なおウォートン公フィリップは，1728年パリに成立したフランス大会所の初代大会所長にも就任している。

Images du patrimoine maçonnique, tome 1. *La loge,* Paris: Éditions Maçonniques de France, 2002, pl. 46.

ドイツでも、フリーメイソン団はまず大海港都市ハンブルクから一七三七年以降に浸透しますが、同時にまた王侯貴族社会と宮廷会所(ホーフロージェ)の経路でも伝播し、三八年にドレスデン、四〇年にベルリンに導入されました。同様に一七三五年にはプラハ、四二年にはウィーンで開始されます。ヨーロッパへの最初期の伝播は、バルト海で完成され、サンクト・ペテルブルクは一七三一年、ストックホルムは三五年、コペンハーゲンは四三年に、メイソンの光明に目覚めるのです。以上の年代的列挙が示すことは、会所の創設によりメイソン的社交が制度化される以前に、各地の都市にはフリーメイソンがすでに存在した事実です。

一七二〇年代から九〇年代まで、合計すると数千の会所、数万人の団員が、ヨーロッパ啓蒙空間に比類ない組織網を形成しました。フランスでは少なくとも九〇〇会所が創設され、一七二五年から八九年まで累計四万人ないし五万人の団員が、またドイツでは一万八〇〇〇人の団員が活動していました。このすみやかで持続的な移植は注目に値します。たしかに十八世紀には、たがいに競合するメイソン制度が増殖し、ヨーロッパ空間の統制権を奪いあうようになりますが、しかしフリーメイソンたちは、団体創立者の計画の周囲に団結してとどまりました。この計画とはすなわち、バベルの塔の建設作業場を再開して、塔の崩落したのち全世界に離散したすべての兄弟たちを再結集させることです。「世界全体はひとつの大共和国にほかならず、各国民はその一家族、各個人はそのひとりの子である」〔ラムジ騎士『演説』の一節〕というコスモポリタン的信念、および会所の活動を導く調和と和合の精神を、世界のはてまで拡張しようとする意志により、フリーメイソンたちはヨーロッパ精神を発展させると同時に、また啓蒙運動への参加を表明するのです。

2　起源の探索と知識への渇望　フリーメイソンと古物収集家

ロンドン王立協会から「文明化の過程」まで

フリーメイソン団と啓蒙思想との関係は、イギリスにおける団体の起源にさかのぼります。アイザック・ニュートン〔一六四二〜一七二七〕とその弟子たちの運営するロンドン王立協会は、一七一七年にロンドン大会所が結成された直後から、そこに精神的指導者や、組織建設者や、貴族的保護者を送りこみました。たとえばニュートンの筆頭弟子だったジャン＝テオフィル・デザギュリエは、フランス人ユグノ家系出身のイングランド国教会牧師でしたが、ロンドン大会所の最高指導者のひとりになりました。ニュートンが王立協会の会長だった一七一八年には、協会員のうち少なくも一三人がフリーメイソンだったことが判明していますが、その数は二五年に五九人、三〇年には八九人になりました。ロンドン大会所の側からみれば、一七一九年から二七年までに就任したすべての大会所長、および一八年から二八年までに就任したすべての副大会所長は王立協会会員でした。これ以上に密接な結びつきは考えられませんが、それをさらに強化するのが古物収集への関心であり、多数のフリーメイソンと王立協会会員とが、この関心を共有しているのです。

いままでに判明しているイングランド最古のフリーメイソンは、著名な古物収集家エライアス・アシュモウルであり、オクスフォード大学付属アシュモウル博物館の創立者です。彼は日記のなかで、内戦中の一六四六年に加入儀礼を受けたことを記しています。古物収集家が体現するのは、目利きの好事家です。彼には収入があるので、「オティウム」〈閑暇〉の悦楽と、無償で高貴な自由学芸の実践に没頭することができます。ホラティウスのいう「オティウム・クム・ディグニターテ」〈尊厳ある閑暇〉です。彼はこうして自由に詩神の魅惑におぼれることができますが、これに対して商人や手工業者たちは、「ネゴティウム」〈商売〉に属し、実業界の多忙で苦労の多い仕事に追われているのです。

十七世紀から十八世紀への転換期に、古物収集趣味は新たな息吹を与えられます。好事家たちは考古学的発掘や、ストーンヘンジ〔イングランド南部にある先史時代の環状列石〕または中世城砦の調査などを数多くおこない、ヘルメス・トリスメギストゥス〔伝説上のヘレニズム期エジプトの全知の神・祭司・哲学者・占星術師・錬金術師〕時代のエジプトこそが高等科学〔秘密を伝授された者だけが知る科学〕と技芸の源泉だったと想像しました。さらに人びとは、諸言語の起源を探し求め、アイルランド語の起源はフェニキア語だと考える人もあらわれました。ニュートンもソロモン神殿の設計図を研究していましたし、フリーメイソンたちは、「宇宙

ジャン＝テオフィル・デザギュリエの肖像画（ハイシングによる版画，1719年）　肖像画の下に，「1719年，第三代目の大会所長」の説明文が添えられている。デザギュリエはラ・ロシェル近郊出身の亡命ユグノの子であり，オクスフォード大学に学び，1714年にロンドン王立協会会員となり，ニュートンに協力して数々の実験をおこなった。さらに1717年イングランド国教会牧師となり，その２年後にロンドン大会所長に就任する。王立協会の知識人や上流貴族が多数フリーメイソン団に加入したのは，デザギュリエの影響によるところが大きいといわれる。

Images du patrimoine maçonnique, tome 2. *Les hommes,* Paris: Éditions Maçonniques de France, 2003, pl. 14.

の偉大なる建築師」の栄光を讃える神殿建設の作業こそが、バベルの塔を再建する好機だと考えました。人間の過信と高慢、すなわち「ヒュブリス」〔驕慢《きょうまん》〕がそれを崩落させたのですが、アジアを含む全世界に離散したと想像されるフリーメイソンたちを、いまこそ和合と友愛の精神によりふたたび結びつけ、二度と破壊できない団結の輪に結集させるべきなのです。

調和のとれた再建設の時代が訪れました。当然にも、フリーメイソンたちは幾何学と建築学を筆頭の技芸とみなし、メイソン的知性を「王の技法」と考えました。アダムは「宇宙の偉大なる建築師である神の似姿として創造された人類の祖先」(『アンダーソン憲章』の一節、以下同じ)でしたが、のちのピュタゴラスや、「今日にいたるすべての真正なる建築師の父であるウィトルウィウス」は、メイソン団の神話上の創立者に数えられました。彼らを保護した王たちも忘れられてはいません。たとえば「栄光あるアウグストゥスは、ローマ会所の大会所長になった」のです。

神殿建設の作業場では、フリーメイソンは原石をみがき、情動を抑制し、他人の言葉に耳をかたむけ、共通の規則への自発的従属を受け入れることを学びます。会所という美徳の学校におけるこの自己鍛錬が、初期啓蒙の要請に応え、ノルベルト・エリアスのいう

「文明化の過程」に対応することは明らかです。ダニエル・ロッシュも指摘するように、啓蒙のヨーロッパとは、なによりもまず洗練された趣味と作法が支配するヨーロッパを意味します。フリーメイソンたちはそのことをよく理解し、彼らの団体はそれを醸成し接合させる役割をもつので、後述するフリーメイソン世界共和国は、その素地であると同時に、その骨格をなすのです。

宗教的寛容と原初言語の探究

初期啓蒙の宗教的文脈でも、フリーメイソン思想はその意義を明示します。ロンドン王立協会は、多様なプロテスタント諸教派のあいだの紛争を除去しようとする点で、「広教主義的」です。最小限の共通分母に立脚して、冷静な対話と交流の空間をつくりだす必要がありました。一七二三年にロンドン大会所が公表した『アンダーソン憲章』は、まさにこれを実行したのです。アンダーソンの名称は、長老派牧師の名ジェイムズ・アンダーソンに由来しますが、彼はイングランド国教会体制のもとでは少数派に属しました。デザギュリエの依頼で作成されたこの憲章は、愚かな無神論者と信仰のない自由思想家(ジョン・トーランドのようなフリー・シンカーを指す)だけを会堂から排除すると規定しています。それゆえ会所は、寛容の空間として開かれ、そこではだれもが宗教的帰属や信仰を捨てさることなく、ただ他者との交流および自己鍛錬の場として、一時的な中立化を受け入れるのです。

この計画は、啓蒙の計画に奉仕し、それを実り豊かなものにしました。その後は、ヨーロッパ啓蒙の感覚的差異に対応して（ドイツ啓蒙がキリスト教的であるのに対して、フランス啓蒙は多くの場合に反教権的でした）、この空間が世俗化される度合は異なりますが、ユダヤ人やイスラーム教徒など、非キリスト教徒にはその大部分が閉ざされたとはいえ、カトリックとプロテスタントは、会堂内の座席に並んで腰かけることができました。

十八世紀末に、アントワーヌ・クール・ド・ジェブラン（一七一九〜八四）の著作『原初の世界』が博した成功は、はなはだ意味深いというべきです。クール・ド・ジェブランは、パリ展示協会《ミュゼ》（一七八一年）の創立者ですが、そこに設置された図書館、実験室、博物収集室は、アシュモウル博物館から着想を得たものです。彼は「九詩神」会所の会員でしたが、ここはヴォルテールが死の数週間前に加入した会所です。クール・ド・ジェブランの著作は、三〇巻に達するディドロとダランベールの『百科全書』の補巻という体裁をとっていますが、そこで彼がめざしたことは、原初の人びとの共通言語または普遍言語を再発見し、「古代人の寓意的・象徴的特性」を回復することでした。アンヌ＝マリ・メルシエ＝フェーヴルの解釈によれば、「人類の進歩は考古学と再建事業を経由する、とクール・ド・ジェブランは考えた。人類に原初言語を回復させれば、人類は普遍的調和による繁栄と福祉に導かれるのである」。彼の著作はかなり難解なのですが、それでもパリ、地方、ヨーロッパ諸外国のフリーメイソンたちは熱心に購入予約をしました。フランス諸地方の予約購読者リストはとくに雄弁です。これはべつに驚くに値しません。十七世紀末からエスペラント運動の勃興《ぼっこう》にいたるまで(今日でもエスペラント語を学習する会所が存在します)、メイソンたち

絵付磁器の水差し(ウスター製, 1768年)　３人の人物はメイソンの前掛けをつけ, 首には直角定規, 水準器, 錘重器のついた紐を掛けているので, それぞれ会所長, 第一監督, 第二監督の役職にあることがわかる。右側の紋章型の飾りにも多くの象徴がちりばめられ, 上部には「愛・名誉・正義」の文字がみえる。

Images du patrimoine maçonnique, tome 1, pl. 58.

は原初の「コイネー」(古代東地中海に普及した標準ギリシア語)を発見し、それにより人類に相互のきずなを再建させ、平和と福祉の権利を回復させようとしたのです。

百科全書的計画から学芸振興へ

古物収集趣味と探究心あふれるフリーメイソンに対して、団体創立者たちはさらにもうひとつの課題を突きつけると同時に、補完的な作業場を開設します。すなわちあらゆる学識を結集し、人間の知識を集めて、バベルの塔の職人たちの失われた言葉を再発見することです。ディドロとダランベールの『百科全書』の着想を与えたのは、メイソン的企図を公言したイーフレイム・チェインバズの『百科全書』でした。前者ははじめ、たんに後者の翻訳版となるはずだったのです。

フランスでは、スコットランド出身の騎士アンドル・マイケル・ラムジ(一六八六〜一七四三)が、騎士団的・キリスト教的メイソン制の推進者となり、つぎのようにフリーメイソンの資質を定義しています。「これらの資質とは、人類愛、不可侵の秘密、および芸術の愛好である。われわれは、高尚な趣味と心地よい気質をもつすべての人びとを、芸術愛により結びつけたいと思う。そこでは野心は美徳になり、兄弟団の利益は人類全体の利益になり、すべての諸国民は堅固な知識をくみとることができる。自由学芸の趣味は、われわれの団体に加入するために必要な第三の資質である。この趣味の洗練は、われわれの団結の本質であり、目的であり、目標である」。そしてラムジは、具体的目標を明示します。「われわれはすべての諸国民の知識を結集してひとつの書物をつくる。それはすべての自然諸科学と諸芸術のなかにある美しく、偉大で、輝かしく、堅固で、有益なすべてのものを集めた一般倉庫、万国普遍図書館のような書物となるだろう」。

その後十八世紀を通じて、フリーメイソンは自由学芸の習得に努め、みずから宇宙の建築師および幾何学者となって、調和と規律のある世界共和国の建設に従事します。彼らはアカデミー世界に結集し、そこに展示協会を創立して近代化に貢献します。パリではクール・ド・ジェブランとピラートル・ド・ロジエがそれぞれ展示協会を創設しましたが、同様の施設はリル、ボルドー、メスでもつくられ、図書館と実験室と博物館をかねそなえただけでなく、公開講義もおこないました。展示協会は物理学、化学、現用言語の講義を、無料で公衆に提供したのです。いずれの場合にも、「オティウム」と「ネゴティウム」を隔てる障壁は低くなりました。こうして展示協会は、啓蒙期ブルジョワジーの文化的欲求に応えましたが、この俗人施設はメイソンの作業場と並行して、選ばれた人びとでありながら排他的集団ではないサークルのなかで、文芸にいそしむことを可能にしたのです。

これと同時に、フリーメイソン会所は、創立者たちの知的・博物的な計画に執着しつづけます。パリの九詩神会所は、徴税請負人で哲学者だったエルヴェシウスの創立した「諸科学」会所の後継ですが、ヴォルテールとベンジャミン・フランクリンをはじめ、ヨーロッパと大西洋対岸の啓蒙主義を代表する多数の人物を、誇らしげに受け入れました。しかしながら、メイソン的啓蒙と俗人的啓蒙との出会いが、もっとも力強く実りある成果をもたらしたのは、たぶんドイツ文化圏においてでしょう。オーストリアの啓蒙思想家であるイグナツ・フォン・ボルンの計画は、そのことを証明しています。

鉱物学者イグナツ・フォン・ボルン(一七四二～九一)は、ウィーン所在のコスモポリタンな「真正調和」会所の指導者であると同時に、文芸・科学共和国の市民でもありました。彼はロンドン王立協会の特別会員《フェロー》(一七七四年)、ストックホルム、ウプサラ、ゲッティンゲン、サンクト・ペテルブルク、パドヴァ、トゥルーズ各地のアカデミーの準会員になり、数々の学術計画の創案者になると同時に、『フリーメイソン新聞』の創刊者でもあり、メイソン界と俗人界の双方で、啓蒙ヨーロッパを覆うネットワークの中心に位置していました。一七八二年、彼はフリーメイソンによる教育・科学事業の野心的計画を発案します。

ウィーンに帝国科学アカデミーが不在であることが、オーストリア啓蒙の弱点になっていると考えたボルンは、彼の指導する会所が、啓蒙精神の促進と普及に貢献することを望んだのです。彼は『アンダーソン憲章』を根拠に、会員たちが自由学芸、道徳学、数学、自然諸科学の分野で研究テーマを選び、各月最初の月曜日に開かれる「演習集会」の場で、すべての兄弟たちに研究成果を発表するように提案します。会所はボルンの提案に熱狂的賛同を表明し、一七八三年以降、八〇名を超える親方会員が演習集会に集まるようになり

クレルモン伯の肖像画(ドルウェによる油彩画の複製, 1771年)　クレルモン伯ルイ・ド・ブルボン＝コンデは，大コンデ公の曾孫，ルイ14世の(非嫡出の)孫にあたる血統親王。サン＝ジェルマン＝デ＝プレ大修道院など6つの大修道院長を兼任，1743年から71年の死去までフランス大会所長を務めた。軍人としては七年戦争中の1758年クレーフェルトの戦いで惨敗を喫し，名望を失った。彼の任期中，大会所の運営は代理人に委ねられ，たえまない内紛の結果，その活動は停止に追い込まれる。

Images du patrimoine maçonnique, tome 2, pl. 16.

ますが、その五〇%は訪問会員でした。

ボルンはこの企画を補完し、聴衆の幅を拡大するために、定期刊行物を利用しようと考えました。この目的で発刊された『フリーメイソン新聞』は、会所による本格的なメイソン作業報告書になり、さらに『ウィーン調和の友による物理学研究』の二冊本が季刊で出版されました。掲載された論文は植物学や天文学を扱い、またシベリアなどの地理学的記述や、ガラス工業、ハチドリ、化石に関する論文もありました。

同時代人は、ボルンのおさめた成功を見逃しませんでした。たとえばゲオルク・フォスターは、一七八四年八月付の書簡に、熱狂的な調子で書いています。

啓蒙精神と思想的自由とが、カトリック諸国においてさえ、日ましに拡大しているのをみれば、喜ばずにはいられません。……なかでも真正調和会所は、この方面の活動できわだっています。この会所はフリーメイソン向けの新聞を発行していますが、そこでは信仰、誓約、狂信、儀式など、要するにすべての事柄について、われわれの住むニーダー・ザクセンにおけるよりも、はるかに自由に論じているのです。ウィーンで最高の学者と最高の詩人とが、この会所に所属しています。それは科学者と光明を愛する人びと、とりわけ偏見から自由な人びとの協会となりました。

それゆえ啓蒙のヨーロッパはフランス中心のヨーロッパではなく、まさしく全ヨーロッパ的なヨーロッパなのです。

3 社交性と移動性 成功の鍵

礼節をわきまえ、洗練された趣味をもつ人びとの王国

フリーメイソン団が啓蒙の世紀に開花したもうひとつの理由は、文字通りの離れ業に成功したことです。すなわちそれは、都市エリート層に対して、温かく品位のある社交の場、同輩がたがいに同輩として認めあう和やかな内輪の空間を提供すると同時に、この友愛の地平線を世界のはてまで拡張し、啓蒙的コスモポリタニズムの信念を表明するのです。

近年の諸研究は、十八世紀における貴族的な社交モデルの重要性を強調しています。当時はまだ、市民的公共空間の時代ではありませんでした（ユルゲン・ハーバマスは、十七世紀を貴族的公共性、十八世紀を市民的公共性の時代としましたが、これは正確ではありません。十八世紀にも貴族的公共性は健在だからです）。社交界、つまり上流社交界は、社交生活に生命を吹きこみ、趣味の

良否を鑑定します。元帥リシュリュ公は著名なフリーメイソンでしたが、この立場をよく表明しています。「社交団体で万人がもつべき第一の才能は、社交的な素質です。そしてこの社交団体に上位者がいる場合には、服従の規範から離脱してはなりません」(ファヴァール夫人宛書簡)。文人たちもそれをよく理解していました。ヴォルテールは、パリの有名なサロンのひとつを主宰していたデュ・ドゥファン夫人に宛てて書いています。「文人であるまえに、社交人でなければなりません。そこにエノ院長の美点があります。彼は辛抱づよく働いた人物にはみえないでしょう」。さらにジャンリ夫人も、つぎのように強調しています。「文人はできるだけ広い世界のなかで生きなければいけません。彼が一日のうち四時間を社交界で過ごしたとしても、そこで見たものについて思索し執筆するために、まだ充分な時間が残されているはずです」。

たしかに「社交メイソン界」と呼ぶべきものが存在しました。ヨーロッパ全域で、「ホーフロージェ」と「シュロスロージェ」(宮廷会所と居城会所)は規則的に新会所を創設し、そこに「有名人」を入会させ、招待状を発送し、交流のある諸会所で通知を朗読することにより入念に演出したうえで、舞踏会や祝祭を催して社交界への参入を祝ったのです。とくにパリではそうであり、「完全尊敬オリュンピア」「純心聖ヨハネ」「結集友人」「黄金時

徒弟の加入儀礼(レオナール・ガバノン『フリーメイソン教理問答』の図版, 1744年)
ガバノンの書物は, 当時多く出回った暴露文書のひとつであるが, この図は秘儀伝授の様子をかなり正確に伝えている。左端に帽子をかぶって立つのが会所長, そのまえのテーブルをはさんで向かいあう姿勢で立ち, 片膝を小椅子に乗せ, 右手を聖書に置いて誓いを立てているのが入会志願者である。床上には儀礼用の敷物が広げられ, その周囲に役員と一般会員たちが前掛けをつけて並んでいる。

親方の昇位儀礼(レオナール・ガバノン『フリーメイソン教理問答』の図版, 1744年)
親方志願者への秘儀伝授は, ヒラム伝説を再現する。図は血染めの布を顔にかけられた志願者が, 会所長により抱き上げられる場面であり, これは暗殺者により埋められたヒラムの遺体を発掘し抱き上げた伝説を再現し, この瞬間に秘密の合言葉が伝授される。床上の敷物には「ヒラムの涙」をあらわす模様が描かれている。

Images du patrimoine maçonnique, tome 1, pl. 235, 238.

代」その他の諸会所が競って行事をおこないました。これらの諸会所を訪問するのは、趣味の良いこととされたので、上流階層の旅行者や外国人向けの案内書には、それらの名が掲載されていました。イングランドでも、ウィーンやベルリンでも、フリーメイソンの新聞がこれらの行事の広告を掲載し、その報告は私的書簡や日記へと伝達されてゆきます。

社交メイソン界が、共通の秘儀伝授により結ばれた人びとのために創出する社交空間には、高位の人びとだけが参入を許されますが、その存在は一般大衆により知られ、羨望のまとになります。それはスコットランドで最初のゴルフ・クラブを生み出しました。またそれはヨーロッパ全域で、遊戯的で騎士道的な秘儀的混合団体の遺産を継承しながら、啓蒙精神への共感を表明し、社会的役割を自覚しつつ展示協会や慈恵施設の創設を支援します。それは募金を集めて演奏会を組織すると同時に、みずから愛好家として音楽を実践し、社交舞台の中心で花開くようになります。たとえば「オリュンピア協会」は、大東方会会長のオルレアン公が借用するパレ・ロワイヤル内の一室を集会所として音楽活動をしました。温泉町、王侯君主の祝祭、または田園の祭典、宮廷、外交会議など、選ばれた友人たちのサークルが形成され合流する場所にはどこでも、上流社会の会所が出現します。というわけで、夏のあいだ社交界が田園に移転し、都市の諸会所が集会休止を統轄団体に予告する季節にも、メイソン的社交生活は停滞するどころか、むしろ活発化するのです。

パリの「結集友人」会所は、ヨーロッパ金融業者、諸外国の外交官、そして高名な芸術家の集まる会所ですが、社交メイソン界の代表的存在です。この会所の記念署名簿は、「イギリス風クラブ」すなわちフランス語で「コトリ」と呼ぶ交友会を組織すると主張しています。その会員たちは、夏のあいだラ・シュヴレットの城に集まり、演劇や歌唱や素人演奏会をおこなうのです。

「採養」メイソン制（男性メイソンの監督下に女性会所を組織する制度）のかたちをとった女性メイソン制は、このような世俗社交界とフリーメイソン団との出会いを成功させるのに重要な役割を演じました。それは遊戯的・騎士道的な混合団体を継承したからです。ザクセン＝ゴータ宮廷の「上機嫌な隠者」会所は、フランス風の趣味と流行に関心を注いだことで有名でした。ほかにドイツとスカンディナヴィアでは「モプス」団、フランスとポーランドでは「喜悦」団が組織されました。そこでは教養趣味の娯楽や恋愛遊戯のほかに、さまざまな位階への加入・昇位儀礼のために、ますます入念な演出がおこなわれるようになりました。管弦楽、機械装置、舞台装飾、および歴史的または神話的場面の再現などです。会所の成員たちは、それぞれがこの演出のなかではたすべき役割をもっていました。

ヨーロッパ・メイソン世界の組織モデル

メイソン的宇宙は、会堂内の調和的空間を「オイクメネー」〔人間の住む世界〕すなわち既知の世界全体へと拡張したものです。まさにこの視点から、ヨーロッパ啓蒙空間を組織しようと考えるフリーメイソンの知的努力を理解しなければなりません。ここでは四つの主要なモデルが競合していることが明らかになります。

まずテンプル騎士厳守会に結集した騎士団的・キリスト教的メイソン団の信奉者たちにとっては、メイソン的宇宙は復興すべきヨーロッパ・キリスト教世界と同一視されました。ここで想起しなければならないのは、十六世紀の人文主義者が、文芸共和国をキリスト教的ヨーロッパを再建する手段と考えたことです。まさにプロテスタント・カトリック双方の宗教改革がヨーロッパ大陸を引き裂いた時代に、人文主義者は原始教会への回帰を基礎として、それを再建しようと考えたのです。厳守会会員だったカトリック信徒ジョゼフ・ド・メストル〔一七五三〜一八二一、サヴォイア出身の政治家・著述家。反啓蒙主義・反フランス革命・教皇至上主義の思想で知られる〕は、まさしくザクセンで生まれたこのメイソン改革こそが、〔同じくザクセンで生まれたルター宗教改革が、ヨーロッパを分裂させたのとは反対に〕ヨーロッパ・キリスト教世界を再建する基礎になると考えました。ですから十九世紀末の反動主義者たちが、フリーメイソン団に「悪魔のシナゴーグ」の烙印を押したのとは、現実はまるで異なります。
つぎにイングランド大会所〔ロンドン大会所〕が提案するヨーロッパ・メイソン組織は、広汎な自治を享受する自治領から構成されるイギリス連邦の組織に類似しています。それはヨーロッパ・メイソン界を各地の「州大会所」のもとに編成し、これら州大会所の管轄区

「わが喜びここにあり」(トリュモの連作油彩画の１枚，ボルドー地方，19世紀初頭)　銃を背負った男性は，おそらく軍役から帰還したところで，両手を広げて喜びを表現している。彼の眼差しは，ヤキンとボアズの円柱，中空に輝く「燃え立つ星」，テーブルの上に置かれた聖書と槌《つち》のほうに注がれ，フリーメイソン活動こそが喜びの源泉であることを表現する。足下の２匹の犬，右方の２羽の鳩は，おそらく忠誠と和合を表現する。

Images du patrimoine maçonnique, tome 1, pl. 74.

域は、諸国家の政治的国境と重なりあうのですが、同時にいわば普遍的親権を主張し、イギリスの領土外で創設された会所に対して、公認権を保持するのです。

その結果イングランド大会所は、ナポリ王国、バルト海諸国、オーストリア領南ネーデルラント、ポーランドなどで、とくにフランスの統轄諸団体とのあいだで数々の衝突を生み出しました。そこでは本来のメイソン的目標に加えて、外交的戦略が混入するのです。このイギリス的主張に対して、フランス大会所、のち一七七三～七四年以降はフランス大東方会が、自治権ではなく主権をもつ国民的統轄団体から構成されるヨーロッパ・メイソン界の構想を対置します。それぞれの管轄は諸国家の政治的国境の内部に限定され、したがって俗人界の基準により定められます。パリでは「諸外国大東方会担当委員会」が組織され、スウェーデンおよびプロイセンの国民大会所と友好協定を締結する交渉にあたり、さらにナポリ王国およびポーランド王国における統轄団体創立を促進する任務を与えられました。ロンドンに対して、国民的基礎に立つメイソン団の組織原理を認めさせようとしたのです。イングランド大会所は、みずからの覇権《はけん》が脅かされると感じて反発し、メイソン的宇宙は、コスモポリタンで自由であるから、ヨーロッパ俗人界の領域分割には還元できないと主張しました。

他のフリーメイソンたちは、もっと断固たる立場を選びました。彼らはみずから構想する世界共和国を、十八世紀ヨーロッパに同化させることを拒否し、理想国を建設するために、兄弟たちは混沌に満ちた俗人界と根本的に断絶すべきだと考えます。彼らははじめランペドゥザ島とリノザ島〔いずれもシチリア島南方の小島〕に関心を向けたのち、典型的な新大陸オーストラリアを候補に定めます。そこで神殿の建築労働者たちは、フリーメイソン国家の基礎を固めることができるだろう、というわけです。

会所ネットワークとコスモポリタニズム

以上が四つのモデル（騎士団的キリスト教世界、イギリス的自治領制、フランス的国民統轄制、ユートピア的世界共和国）ですが、いずれのモデルを採用するとしても、フリーメイソン共和国の計画を実現するには、メイソン団の神経組織をなす通信と会所のネットワークを整備しなければなりません。そして同時に、フリーメイソン国際法の基礎をすえ、訪問者交換と、位階の同等評価の基準を定めた議定書を作成しなければなりません。この同等評価の基準は、高位階制の急速な増殖により必要になっていました。メイソン団の先駆者たちは、学芸・宗派・商業・金融・外交・芸術のネットワークを駆使できる人びとでしたから、以上の必要性をよく理解していました。このほかに、カザノヴァに代表される山師的冒険家たちは、「移動性文化」(ダニエル・ロッシュ)の比類ない運営人でもあり、人脈による独自のネットワークを利用していました。

ロレーヌ地方メスでは、卸売商アントワーヌ・ムニエ・ド・プレクールが、一七六〇年六月二十四日付でフランス大会所に対して「すべての諸会所と貴団体とのあいだに全体的な通信網を組織し、東西南北にわたりすべての正規諸団体を連絡するために、すべての諸会所の一覧表」を要求しています。彼はこの事業をハンブルク、ついでロシアで継続しますが、ロシアではカフカス地方への入植活動にも参加しています。ヨーロッパ・メイソン界の他方の端にあるシチリアでは、パレルモ所在「スコットランド聖ヨハネ」会所のフリーメイソンたちが、等しくコスモポリタン的信念を表明しています。すなわち彼らは、地中海沿岸各地の諸会所と堅固な連絡網を築いたのち、ローヌ河谷地方の兄弟たちに、彼らと文通するよう提案しているのです。じじつこのシチリア会所に属する卸売商人の多くは、有名な聖マグダラ・マリア祝日の年市のあいだ、ボケールの町を訪れていました。そのとき彼らは、その名も「和合」という現地の会所で、同業者でもある兄弟たちと再会したのです。パレルモ会所の通信ネットワークは、そこから内陸地方の諸会所へと拡張してゆきました。全体としてそれは、メス会所のネットワークとほぼ完全に一致します。偶然の出会いも、予期された訪問も、等しく新しい交流を開始し、それらを媒介として新しいメイソン儀礼を取り入れるための好機として、熱心に求められたのです。

これらの交流が活発に追求されたのは、まさに一七一七～二三年の創立者たちの計画が、「さもなくば出会うことのなかっただろう人びと」〔『アンダーソン憲章』の一節〕が、たがいに相

採養会所または「モプス」会所の加入儀礼(18世紀の版画)

モーツァルトとフリーメイソン思想との関係について，奥行きの深い研究をおこなった音楽史家ジャック・シャイェによれば，歌劇『魔笛』の真の主題は，女性の友愛団加入にあった。この問題の解決法として，1740年代以降「採養」会所が創設され，男性メイソンの監督下に女性への秘儀伝授が組織されるようになるが，その後も友愛団の内外で論議は絶えなかったからである。この版画では剣を持つ男性たちに囲まれて加入儀礼がおこなわれ，右端には「大モプス」と呼ばれる女性がテーブルのまえに座り，中央には目隠しをされ，両手を鎖でつながれ，小型犬をともなった志願者が進み出る。このように採養会所では，男性の「正規」会所とは異なる儀礼と象徴が発達をとげた。

Musée de la Franc-Maçonnerie. Collection du Grand Orient de France, Paris: Beaux Arts magazine, p. 22.

手を見出し評価しあうことを可能にすることだったからです。受け入れた他者を兄弟として認め、ヨーロッパ規模のメイソン的友愛の存在について、異邦の旅行者が生きた証言をもたらすことは、このような文脈のなかで、本質的な重要性をおびてきます。フランス革命の前夜、カレ所在「結集友人聖ルイ」会所の書記は、こう叫びました。「皆さんはいかなる場所でも異邦人にはなりません。皆さんはいたるところで兄弟と友人を見出すでしょう。皆さんは全世界の市民になったのです」。ヨーロッパ友愛団に所属していれば、旅する異邦人は安心できました。

もちろんここには、真にコスモポリタンなヨーロッパ規模の社交ネットワークの刻印があり、近年公開された多数の文書群、とくにロシア文書〔第二次世界大戦中にドイツ占領軍が押収し、大戦末期にソ連軍がドイツから持ち去った大量のフリーメイソン文書、近年フランスに返還された〕により研究を深め、地図を作成することも可能になりました。これよりはるかに劇的な文脈のもとで、政治的亡命者もまた友愛団の利点をよく理解しました。じじつ彼らの歴史は、一六八八〜一七四六年のジャコバイトから、一七八五〜八七年のバターフ愛国派、一八二〇年代から三〇年代にかけてのポルトガル・ギリシア・スペインの自由主義者をへて、〔ロシア革命期の〕ロシア白軍やメンシェヴィキにいたるまで、メイソン的友愛の歴史と密接に結びついています。自発的な旅行者であるか否かにかかわりなく、フリーメイソン団が彼らに提供する便宜は、メイソン身分証明書ですが、これは訪問先の会所の書記により査証され、ジョゼフ・ド・メストルが夢想したメイソン旅券の前身となるものです。メストルはつぎのように書いています。「異邦人の兄弟たちと親密な文通を交わし、われわれが彼らに義務を負うことは、世界共和国の本質的部分を構成し、最大級の重要性をもつ事柄である。この点については若干の良好な規則を制定し、異なる諸社会のあいだで関係と団結を強化しなければならないだろう」。

啓蒙期コスモポリタニズムの限界

メイソン的社交組織は、「王侯貴族社会」(リュシアン・ベリ)、「良俗のヨーロッパ王国」(ダニエル・ロッシュ)、さらに移動中の軍人、商人、銀行業者、学生、または養育係兼家庭教師をともなって修養旅行をする良家の青年などに適合する受け入れ組織を整備することにより、彼らに固有の補完的な期待に応えるものです。ここで若干の例を引用すれば、ストラスブールのルター派大学の会所である「純心」会所、パリ駐在デンマーク大使館の会所である「外国人結集」会所、パリ大学のアイルランド人医学部学生の会所である「朝日アイルランド」会所、プロテスタント大金融業者、フランス人および外国人の著名な芸術家および彼らの庇護者から構成される〔パリ所在〕「結集友人」会所、さらにバルト海沿岸諸国出身のボルドー大貿易商社員の会所であり、はじめは「ドイツ友情」会所と呼ばれた「友情」会所などをあげることができます。これら諸会所の名は、たとえばヴァンサン＝リュック・ティエリ著『愛好家と外国人旅行者のためのパリ案内』などの旅行案内書に記載されていました。

ただし啓蒙の世紀のコスモポリタニズムは、万国普遍主義とは一致しません。大多数の兄弟たちにとって、フリーメイソン世界共和国は、ヨーロッパ・キリスト教世界の境界線と合致し（「真のキリスト教徒こそは、真のメイソンである」）、さらには内輪の喜びを分かちあう礼節と趣味の王国のそれと合致するのです。多少の差異を別にすれば、それはむしろ古典期ギリシアの「カロイカガトイ」（美しく善き者たち、すなわち貴族）の集まりに近いものです。彼らは政治的国境を超えて同類者または同輩の共同体を形成し、「文明化の過程」から生まれた文化的規範をわがものとしているという意識をもちます。「グランド・ツアー」（上流子弟の周遊旅行）のお決まりの経路と逗留地、ヨーロッパ各地のアカデミーや大学での滞在、外国人の家庭教師、啓蒙期ヨーロッパの「コイネー」となったフランス語の使用、サロンの訪問と文芸共和国の著名人の訪問などが、このヨーロッパ的エリートの形成に貢献しました。このエリートは構成員の数こそ少ないものの、社会的表出と政治的・文化的影響力の点で重要であり、各人の評価を左右する社会的・文化的規範を決定しました。
こうして兄弟たちが、入団への適合性の基準を規定したことは明らかです。すべての秘儀伝授志願者は、選ばれた友人の会堂への参入に先立って、この適合性の基準を満たしていなければなりません。それを欠いているならば、彼は友愛の調和をかき乱す危険性をもつのです。啓蒙思想家ゴットホルト・エフライム・レッシングは、メイソンの兄弟たちに

モプス団員の女性像(マイセン製磁器, 18世紀の作品を19世紀に複製したもの)　「モプス」団は, ローマ教皇による破門教勅が公表された直後, 1738年のウィーンで最初に創設された。禁止対象とされたフリーメイソン団との差別化をはかるため, 女性の加入を認め, 組織はドイツ諸領邦に広まったが, 本来のフリーメイソン団の復興とともに独立性を喪失し, その一部をなす採養会所と区別がなくなる。「モプス」はドイツ語でパグ犬を意味し, この愛玩犬は忠誠の象徴として, 女性メイソンの図像にしばしば用いられた。

Images du patrimoine maçonnique, tome 1, pl. 333.

対して、彼らが加入儀礼の試練に先立って、あらかじめ同類者として認めた俗人だけを受け入れる場合が多すぎると非難しています。他者性または差異性を露骨に拒否するのは、それが小規模な共同体を豊かにする源泉ではなく、むしろその解体をうながすと考えられたからですが、その結果として十八世紀の諸会所は、メイソン的宇宙を狭隘《きょうあい》なものとし、メイソン的帰属意識を俗人的基準により定義するようになりました。

メイソン的宇宙を狭隘化することにより、兄弟たちは「生来のフリーメイソン」の肖像を明示するにいたりますが、これは彼らがすすんで受け入れた秘儀伝授や俗人界における死の原則とは明らかに矛盾しています。そこから必然的に派生する「絶対的他者」は、「アルテル・エゴ」〔第二の自我〕の対立概念であり、それがつくり出す解消不可能な差異性は、友愛共同体の一体性を脅かすのです。俗人界の状況と文脈にしたがい、この絶対的他者はユダヤ人、ムスリム、アンティル諸島の「混血児」と同一視されました。混血児の顔には混沌の烙印が押されており、異人種間の堕落した婚姻から生まれた果実を黙認するならば、この混沌は植民地社会の安全を脅かすと考えられました。

十八世紀フリーメイソン団の目標と矛盾とは、それゆえ啓蒙主義そのものの目標と矛盾にほかならず、前者はその起源から後者と密接に結びついていたのです。

深沢克己 訳

フリーメイソンのコスモポリタニズム

1 フリーメイソン世界共和国を考える

コスモポリタンの信仰告白

マルセイユ大貿易商と商業会議所役員の集まる「スコットランド聖ヨハネ」会所は、フリーメイソン団を「コスモポリタンで自由な」と形容しました。イズミルにあるその姉妹会所は、『フリーメイソンの学校』（一七四八年オルレアンで刊行されたメイソン演説集）という文書を引用しながら、これに呼応しています。「万国普遍のメイソンは、全世界の市民であり、いかなる国でも異邦人にはならない。声の助けを借りずに、彼は語り、理解される。目の助けを借りずに、彼は見る。そして人びとは、確実なしるしにより彼を見分ける」[1]。啓蒙の世紀のフリーメイソンは、「政治的に中立な」コスモポリタニズムを自分たちの団体の旗印としており、政治性をもつ戦闘的世界主義はまだ出現していませんでした。

ラングドック地方出身のラ・ボメルは、ジュネーヴでフリーメイソンに入団したとき、感激してこう叫びました。「わたくしはもはや異邦人ではない！」これに呼応して、リーニュ公も満足げに語ります。「わたくしの祖国は六つか七つある。すなわち神聖ローマ帝国、フランドル、フランス、オーストリア、ポーランド、ロシア、さらにハンガリーも含めていいだろう」、「わたくしはどこでも異邦人でいられるのが好きだ[2]」。ただし亡命ユグノのラ・ボメルが、フリーメイソン団に所属することにより、ふたたび温かい友愛共同体を見出して安堵した感情を吐露したのに対して、栄誉ある貴族リーニュ公は、「王侯貴族社会[3]」への所属を喜んで公言するのです。

メイソン的コスモポリタニズムは、メイソン活動の根幹にある自己探求の一環をなしています。それにより兄弟たちは、相互に連結した二つの世界のなかで、開花し自己発見することができます。すなわち一方には、彼らがそこで生まれ育ち、その模範的臣民であると自任する世界〔俗人界〕があり、他方には彼らが自分で選びとり、建設し、その典型的市民たらんとする世界〔メイソン界〕があるのです。

コスモポリタニズムが、啓蒙期メイソン思想の中心に位置する理由は、思弁的フリーメイソン団の創造神話が、ソロモン神殿の建設よりも、むしろバベルの塔の建設にあるから

諸国民を教化するフリーメイソン制(作者不詳，リトグラフ，19世紀中葉)　フランス大東方会を筆頭とするフリーメイソン団が，19世紀に共和主義的傾向を強めるとともに，メイソンの思想原理はしばしば女性像で表現され，共和制の寓意であるマリアンヌ像と重複するようになる。中央の女性像の周囲には，宗教や文化を異にする世界各地の民族が集まり，世界の調和と普遍的友愛をめざす団体の理想を明示する。台座には「沈黙」と「真理」の語が刻まれ，足下に開かれた書物には「美徳と知識」および「友愛と叡智」の言葉が読み取れる。

Musée de la Franc-Maçonnerie, p. 25.

です。意味の喪失、失われた言葉、それにより知識の伝達や交流や移転が不可能になることが、兄弟たちの強迫観念でした。（ソロモン神殿の建築師）ヒラムの伝説、「王の技法」（もとは幾何学を指しましたが、拡張してフリーメイソンの営為を意味します）をエジプトや中国で探索する神話、さらに十八世紀初頭からロンドン大会所のメイソンたちが「古文書収集家」として従事したメイソン的記憶の発掘[4]が、このことを証明します。「宇宙の偉大なる建築師」の神殿はバベルの塔ですが、ただし再建されたバベルの塔です。人間たちの「ヒュブリス」（驕慢）がその崩落をはやめ、労働者たちを分裂させ、相互の情報伝達と合意形成を不可能にしたのに対して、「王の技法」の労働者たちは、和合と調和の神殿として、新しいバベルの塔を建設し、文字通りの「コイネー」（ギリシア人をバルバロイから区別する共通ギリシア語）であるメイソン独自の身ぶりや握手法により、労働者相互の意思疎通を回復するでしょう。これらの身体言語により、二人のメイソンはたがいに兄弟として認めあうのです。

全世界規模のユートピアがすべてそうであるように、フリーメイソン世界共和国もまた万国普遍の意思伝達を実現することをめざします[5]。それは諸国民融合の市民社会と、「万民法による世界政治[6]」とを展望するための一要素です。シェフドゥビアン侯にとって、フリーメイソン団は国境を超えて拡張することにより、人びとや諸国民を接近させ、先入観や偏見を乗りこえて、対話と相互認識の空間を開くことを可能にします。まさしくこの視点から、メイソンたちの知的努力を理解し、彼らの精神的宇宙を考察し、それを秩序ある「コスモス」として構築しなければならないのです。

交通の原理とフリーメイソン

調和のとれた交通は、フリーメイソンの計画と実践の中心に位置します。それはヨーロッパ人意識の明確化と「移動性文化」（ダニエル・ロッシュ）とを特徴とする世紀において、特殊な重要性をおびました。フリーメイソン団に加入し、友愛的な団結の輪に加わる行為は、象徴的・秘儀伝授的な三つの旅の形式をとります。入団志願者は、背中を押され、（靴を脱がされて）不完全な身なりをし、行き先に迷い、（目隠しをされて）盲目となり、騒々しく不調和で、衝突や障害や桎梏《しっこく》に満ちた俗人界の交通の困難を味わいます。しかしながら徐々に、彼は兄弟たちに導かれて沈黙を学び、聖域内における平穏で調和のある交通を教えられます。徒弟修行中のフリーメイソンは、会堂内における移動の規則を習得し、会所構成員がそれぞれの位置を占めるよう配置された円柱のあいだで、言葉の流通する規則を習得するのです。集会の終わりには、兄弟たちは「団結の輪」、すなわち「世界全域に離散したフリーメイソンたち」を結びつける友愛の輪が抵抗するのを、象徴的に体験します。

しかしメイソン的社交性は、選ばれた友人の聖域内でのみ開花することに満足してはいません。それは同じ精神を飛躍させ、会堂の境界を世界のはてまで押し広げ、地理的・政治的・宗教的・言語的な障壁を超えて、自由で直接的な、調和と友愛に満ちた交通の空間として、フリーメイソン世界共和国を建設しようとするのです。それゆえ以下の課題は、十八世紀のフリーメイソンが、そのコスモポリタン的信条をどのように具体化しようとしたかを検討し、メイソン的宇宙が徐々にかたちをとり、そのネットワークが活力をおびる過程を観察することです。

排除された人びと

ただしフリーメイソン団のコスモポリタン的信条といえども、絶対的他者を排除した事実を隠すべきではないでしょう。絶対的他者のあらわす他者性は、選ばれた人びとの輪を豊かにする「アルテル・エゴ」〔第二の自我〕の調和的差異に還元できないからです。選ばれた人びとの聖域を保護すべき規範的言説は、非キリスト教徒を排除し、「洗礼のかわりに割礼を受けた人びと」、黒人、身体障害者など、すべて絶対的他者性の刻印をおびた人びとを排除する意図をもちます。調和的で友愛的な交通を実現するには、親友になるための資質をもたない人びとを、俗人界との境界線のかなたに押しやることが前提となるのです。オイクメネー〔人の住む世界〕は、「オイコス」すなわち家に関連づけられます。同胞として認められない外来者は、そこで歓迎されず、友愛的なもてなしを要求することはできません。

フランス大東方会内部の第一会堂　現在のフランス大東方会の建物内には多くの会堂(集会室)があるが，この壮麗な第一会堂(アルテュール・グルシエ会堂)はそのなかで最大規模であり，全体集会に用いられる。議長席のうしろにはマリアンヌ像が飾られ，丸天井の上部には共和国のスローガンでもある「自由・平等・友愛」の語が記されている。ただしこの会堂は，もとはグリマルディ家の舞踏会用広間であり，それを1850年に大東方会が買い取って改造したのである。

Musée de la Franc-Maçonnerie, p. 28.

たとえ「世界全体はひとつの大共和国にほかならず、各国民はその一家族、各個人はそのひとりの子である」〔ラムジ騎士『演説』の一節〕としても、その限界はキリスト教世界にあります。『フリーメイソン団についての哲学的考察』〔一七七六年ハンブルクで出版、著者不明〕の著者も、この点では断定的でした。「加入を許されるのはキリスト教徒、正統な信徒だけである。キリスト教会の外部では、なんぴともフリーメイソンとして受け入れることはできず、また受け入れるべきではない。この理由から、ユダヤ教徒、マホメット教徒〔イスラーム教徒〕、古代異教の信徒は、不信心者として排除される」。したがって選ばれた人すなわち兄弟は、同類者または同化した者のほかにはありえません。オスマン帝国と対峙する軍事的境界を構築し、その防衛を騎士メイソンにゆだねるというユートピア的〔または反ユートピア的〕計画は、まさにこの文脈に置き直す必要があります。この計画を一七八二年に提案したのは、ワラキア公アレッサンドロ・ムルシであり、彼は〔ギリシア人貴族〕マウロコルダト家の出身で、四四年にイスタンブルで生まれました。この計画は、当時サラトフ地方への植民運動に積極的に参加した身分の高いロシア人高位階メイソンたちのあいだで、かなりの反響を呼んだのです。

フリーメイソンたちはその実践において、メイソン思想家と合流します。彼らは「偉大なる建築師」をキリスト教徒の神と同一視し、普遍的宗教をキリスト教と同一視するのです。ピエール・ド・シカール騎士がリエージュで「心の団結」会所を創設したとき、彼はその会則第六条に「ユダヤ教徒、マホメット教徒、蛮族たち、そのほか割礼を受けた者たち」(ここに宗教的他者性と身体的他者性との結合例があります)は会堂から排除される、と明記するのを忘れませんでした。リエージュ公領にイスラーム教徒がいる可能性は低いように思えますが、ピエール・ド・シカールはかつてレヴァント商港〔オスマン帝国の貿易都市〕で領事を務めたことがあり、そこでイギリス人外交官からフリーメイソン加入儀礼を受けたのです。レヴァントではキリスト教徒は少数派ですから、差異の意識は尖鋭化し、自分たちの帰属意識、つまりは集団の凝集力が崩壊しないように配慮せざるをえません。厳格な規則を定めたのはこの理由からであり、それはアンティル諸島植民地で、白人と黒人とのあいだの関係を統制する規則に対応しています。

2 コスモポリタニズムの実践　フリーメイソン世界共和国の組織化

競合する計画

ロンドン大会所は、一七一七年にロンドン市内の四会所が合同集会を開いて創設されましたが、それが提案するヨーロッパ・メイソン組織は、イギリス連邦およびその内部で広汎な自治を享受する自治領の組織に類似しています。すなわちそれは、複数の「州大会所」のもとにヨーロッパ・メイソン界を編成し、それぞれに諸国家の政治的国境と重なりあう管轄権を与えますが、新会所を創設し公認する権利は、イギリスの領土外についても、ロンドン大会所が保持するのです。その結果とくにフランスの統轄団体とのあいだで数々の対立が生じ、ナポリ王国、バルト海諸国、オーストリア領南ネーデルラント、ポーランドなどでは、メイソン本来の目標に加えて、外交的・政治的目的が混入してきます。

このイギリス的主張に対して、フランス大会所、のち一七七三〜七四年以降はフランス大東方会が、自治権ではなく主権をもつ国民的統轄団体から構成されるヨーロッパ・メイソン界の構想を対置します。フリーメイソン団全体に対する「普遍的親権」を主張するロンドンに対して、国民的基礎に立つメイソン団の組織原理を認めさせようとしたのです。ロンドン大会所はこれに反論して、メイソン的宇宙はヨーロッパ俗人界とその政治的偶然性には還元できないと主張しました。メイソン的宇宙は、そのコスモポリタン的本性により、世界全域に離散した兄弟たちの団結の輪を再建することをめざし、政治的・言語的・宗派的な境界を超越すべきなのです。この論法は、啓蒙期フリーメイソンの多数派を魅了

フランス大東方会内部の「省察の小部屋」　徒弟の加入儀礼に先立ち，志願者はこの省察の小部屋に閉じこもり，瞑想による精神純化の第一段階をへなければならない。小部屋のなかには髑髏や骸骨とともに，「汝もし好奇心により来たるならば，ここより立ち去れ」など，複数の箴言が記されている。志願者は俗人界の価値や身分や偏見を捨てるために，まず身につけたすべての金属を取り去ってから入室し，暗闇のなかで1時間ほど過ごしたのち，「哲学的遺書」を作成し，俗人としての死を自己確認してから加入儀礼にのぞむ。この制度が導入されたのは，おそらく18世紀中葉以降であり，「土の試練」に関するヘルメス学的・錬金術的秘教思想の影響下に成立したと考えられる。

Musée de la Franc-Maçonnerie, p. 18.

しましたが、これに対して大東方会の主張する国民的モデルは、とくにオーストリアやスウェーデンなど、自国内の諸会所を統制しようと考える啓蒙専制君主らの賛同を得たのは事実ですが、それが支配的となるには十九世紀を待たねばなりません。

他のフリーメイソンたちは、もっと断固たる立場を選びました。彼らは世界共和国の理想を、十八世紀ヨーロッパとその植民地拡張の現実に同化させることを拒否し、理想国を建設するためには、兄弟たちが混沌に満ちた俗人界と根本的に断絶すべきだと考えます。彼らははじめランペドゥザ島とリノザ島、のちにはオーストラリアを候補に定め、フリーメイソン国家の基礎を固めようと計画したのです。

キリスト教的・騎士団的メイソン改革により成立した「テンプル騎士厳守会」は、神聖ローマ帝国領内から出発して西は大西洋沿岸まで、東はロシアまで勢力を拡大しましたが、この団体もまた、メイソン的宇宙はヨーロッパ・キリスト教世界と重複すると考えました。それが描くメイソン団の組織地図は、テンプル騎士団のそれを継承しています。たとえばリヨンは、旧騎士団のオヴェルニュ管区の主都とされます。この組織地図は意図的に中世に範を求め、あえて時代錯誤をおかすことにより、(十六世紀にカトリックとプロテスタントに分裂した)旧大陸の宗派間亀裂を消去したのです。

メイソン間の通信とそのネットワーク

個人的な発意や、または旅行者、軍人、外交官、商人などの移動の結果、あちこちに離散した会所の星雲状組織が形成され、世界共和国の潜在的拠点となりました。しかしこの「ディアスポラ」は、俗人界の闇のなかに個々の会堂がたがいに孤立しているので、脆弱《ぜいじゃく》な組織です。そこで離散したメイソンたちは、宗教的または知的な他のディアスポラ（後者の例として文芸共和国や科学共和国が想起されます）の前例にならい、はやくから通信の重要性を認識して、情報交換と推薦と救済の自律的ネットワーク、また幸福なときも試練のときも友愛と連帯を表明するネットワークを整備しようと考えました。しかもこれまであまり強調されなかったことですが、メイソン世界共和国の創始者たちは、他のディアスポラ、すなわちジャコバイトやユグノの代表的人物（後者の例はヴァンサン・ラ・シャペル、ジャック・ユリオ、ルイ＝フランソワ・ド・ラ・ティエルスなど）でもあり、彼らのネットワークは、亡命者たちを連帯させるとともに、受け入れ側の社会へも開かれてゆくのです。

この自律的な情報流通の計画を実現し、メイソン諸団体のネットワークを構築するために、フリーメイソンたちは個人的および組織的な通信網（組織的通信は、会所間および統轄団体間でおこなわれます)を形成し、植民地も含めた啓蒙的ヨーロッパ空間を組織化する意図を公然と表明して、それを実質上「世界共和国」と同一視します。それゆえ通信は、メイソン的「コスモス」の中核をなしていました。ジョゼフ・ド・メストルは、兄弟が相互に認知し交流するために、共通の作法書を採用する必要があると力説しましたが、これは交流を促進するためであると同時に、寄生体の侵入を制限するためでもありました。といいますのは、「団に所属する」または団員を詐称することの利益を敏感に理解した山師たちは、メイソンの交流回路にもぐりこみ、洗練された作法と趣味の王国の内奥にまで浸透したからです。

ヨーロッパ・フリーメイソン組織のなかで文通のもつ重要性を確信した兄弟たちは、通信ネットワークを構想し、その輪郭を描き、やがて拡大して、その網目を密にし、複雑化しました。一七六〇年代以降は、リヨンのジャン＝バティスト・ヴィレルモスや、パリのシャルル＝ピエール＝ポール・サヴァレット・ド・ランジュの仕事部屋のように、文字通りの通信本部が形成され、複雑な文通戦略を展開するようになります。この戦略は意図的に流通空間の掌握をめざし、とりわけ交通の十字路、中心都市、とくに境域都市などの結節地点を掌握しようとします。競合する通信網は、「アドレス帳」や、通信者名簿や、友

秘儀伝授の寓意(油彩画，作者不詳，19世紀初頭)　これは徒弟の加入儀礼を段階的に再現した貴重な図像であり，すべての秘儀伝授に共通する諸要素，すなわち俗人界との断絶，象徴的な死，浄化と修行による再生を表現する。儀礼は時計回りに進行し，画面の右半分は荒涼とした岩山に覆われる。まず右上の洞窟には，剣のような結晶が突き出し，閉じ込められた志願者を脅かす。つぎに右中央の志願者は気絶して眠っている。こうして死を象徴的に体験したのち，右下では骸骨に威嚇されながら「哲学的遺書」を作成し，俗人界との断絶を誓う。すると場面は中央に移り，これまでの土の試練から，下方の水の試練，上方の火の試練により精神を浄化しなければならない。最後に左方では，眠っている女性のまえに志願者が立ち，背後には棒を持つ指導者が監視しているが，この意味はよく解明されていない。ともあれすべての試練を終えた志願者は，目隠しをされたまま，指導者により左上の叡智の神殿に導かれる。以上の過程を観察すれば，モーツァルトの歌劇『魔笛』第２幕が，これとほとんど同一の儀礼と象徴から構成されていることがわかるだろう。試練をへた王子タミーノは，ザラストロの神殿への参入を認められる。ただしこの画面では，パミーナに相当する女性は，気絶した姿で登場するだけである。

Images du patrimoine maçonnique, tome 1, pl. 254.

人集団など、決定的に有利な情報を与えてくれそうな会員をあらそって獲得します。

しかしながら統轄団体は、周縁地方の諸会所や、個人主導の活動により、通信網を奪われるのを座視してはいませんでした。すでに「国民的」統轄団体を標榜するフランス大東方会は、諸外国との通信を独占する権利を主張し、メイソン的コスモポリタニズムを全面的に支持する人びとと対立します。後者の人びとは、マルセイユ「スコットランド聖ヨハネ」会所の例にならい、「コスモポリタンで自由な」フリーメイソン団においては、基礎単位をなすそれぞれの会所が、外国の統轄団体に自由に公認を求めることができ、自由に通信してよいと考えていました。

ここで争点となるのは、通信網の統制にとどまらず、メイソン的「コスモス」の組織形態であり、やがて世紀転換期には、ナショナリズムの出現により、対立はさらに尖鋭化することになります。しかし当面は、フリーメイソン世界共和国の華麗な会所に花開く「社交メイソン界[7]」と上流階層のコスモポリタニズムが繁栄を謳歌します。といいますのも、それらはヨーロッパのエリート層が共有する「移動性文化」と完璧に整合するからです。

世界共和国における流通空間と異邦人の歓待

空間を統合するのは通信ですが、そこに活気と運動をもたらすのは旅行です。情報交換は旅行により生まれる出会いを準備し、補完し、延長しますが、それを代替することはできません。それゆえ一七一七〜二三年の〔ロンドン大会所〕創立者たちの計画、およびメイソン団のコスモポリタン的信条を具体化するためには、来訪する兄弟たちを歓待することが根本的な重要性をおびるのです。異邦人を迎える試練が必要不可欠であるのは、それにより友愛の小社会である会所の団結と調和とが試されるからです。

じじつ会所は、互選により集められた選良、選ばれた友、親密な人びとのサークルとして組織され、さらに家族・職業・居住地域の近しい関係を保持しています。ところが異邦人のフリーメイソンは、どこからともなく出現します。彼は突如として、会所をメイソン的社交性のパラドクスに直面させます。つまりこの社交性は、せまい地域内の親近性と友情の悦びのなかで開花しているのに、その団結の輪と諸価値とを、いまや世界のはてまで拡張する能力を要求されるのです。いいかえれば、異邦の兄弟を迎えることにより、会所はその内部的団結とコスモポリタン的信条との二重の観点から資格を受けることになります。

亡命ユグノのラ・ボメルの事例をみると、移動の道すじにそって配置された諸会所が、異邦人の訪問者を歓待し受け入れる基本的な仕組みをとらえることができます。ここに引用するのは、メイソン身分証明書と旅券との二重性をおびた特別の文書であり、ジュネーヴ所在「三乳鉢聖ヨハネ」会所の会所長は、この文書により、その所持人に歓待と友愛が与えられるよう依頼しています。

ジュネーヴの三乳鉢聖ヨハネ会所は、兄弟ロラン・アングリヴィエル・ド・ラ・ボメルが、われらの敬うべき会所で徒弟ならびに職人として受け入れられたことを、関係各位に証明いたします。同兄弟は、年齢およそ二十二歳、背はすらりと高く、身の丈は約五尺二寸、髪は黒く、顔は面長、黒い目をもっております。大地の上に拡散するすべての敬うべき諸会所に対して、われらの親愛なる兄弟がそこを訪問するときには、上記の資格において受け入れてくださるようお願い申し上げます。

一七四七年三月十四日、ジュネーヴ国境にて発給[8]

会所が各地に増殖し、友愛の通信網が細密になるにしたがって、メイソン身分証明書の流通量も十八世紀を通じてたえまなく増加しました。旅行者の通過地点に位置するいくつかの会所の書記は、訪問する兄弟たちが依頼する身分証明書発行のためにすっかり忙殺さ

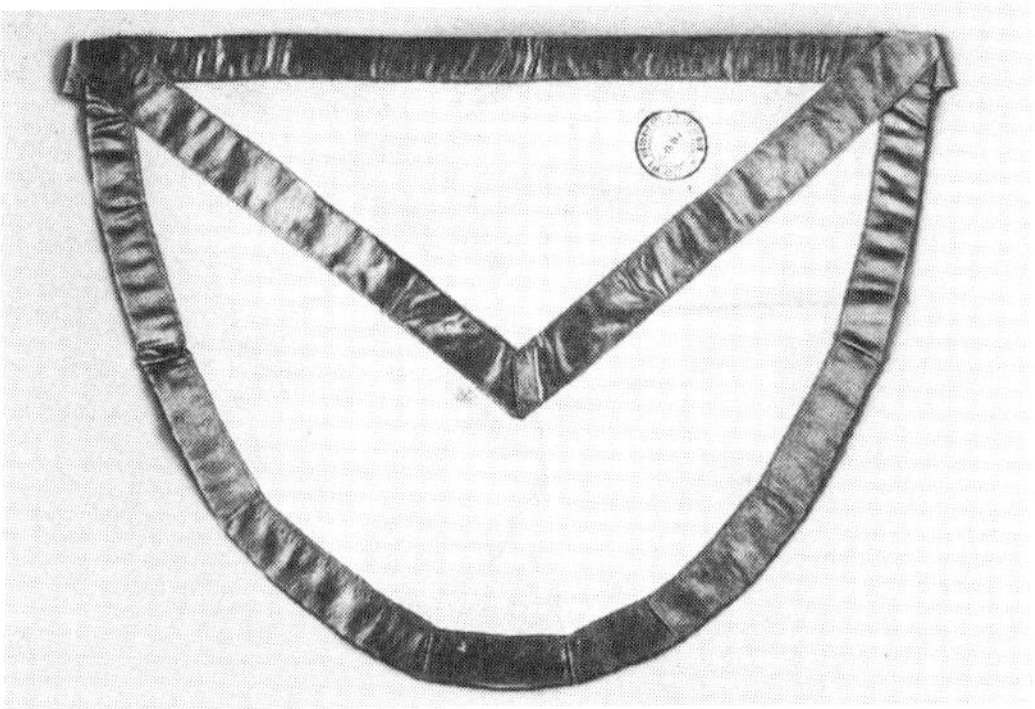

徒弟・職人位階用の前掛け(豚革製，18世紀中葉)　豚革地に絹織の縁取りをほどこした単純な製品で，現存する最古のもののひとつ。「作業メイソン」すなわち石工の伝統を象徴的に継承する前掛けは，フリーメイソンにとりもっとも重要な儀礼用品である。

れました。訪問者たちは、この書類を携えてフランス国内で旅行を続けたいと願ったのです。なぜかといえば、旅行者が出発まえに入手する俗人界の推薦状は、濫発されて価値を低下させたのに対して、メイソン身分証明書はその効力をしっかりと保持したからです。この証明書は、それを受け取り審査する人の友愛に訴え、秘儀伝受者に共通のきずなを懇請します。こういう事情のもとで、無数の悪用がおこなわれたのも理解できることです。一部の入会志願者は、貴重な身分証明書を手に入れる期間だけ会所の集会に加わりました。たとえば神聖ローマ帝国のアウグスト・フォン・ギーヒ伯は、ストラスブール所在「純真」会所で、フランスにきたのは「遊楽のた

Images du patrimoine maçonnique, tome 1, pl. 277.

め」だと公言し、加入儀礼を受けて証明書を獲得したあとは、会所から姿を消してしまいました[9]。

歓待を与える見返りに、会所はときに訪問した異邦人に対して、「建築帳簿」すなわち集会記録簿に署名するよう依頼しました。会所の交流範囲とコスモポリタン的信条の証言とが、こうして記録されることになります。アムステルダムの「最愛」会所の事例はとくに興味深いものです[10]。この会所は一七五四年十二月十一日から四〇年間にわたり『来訪者名簿』をつけましたが、そこには「下記の兄弟たちは異邦人のメイソンであり、われわれの集会に臨席し、記念に署名する栄誉をたまわった」と記されています[11]。「最愛」会所の訪問者のなかには、一七五九年に歓待を受けたカザノヴァも含まれますが、この山師的人物は、自分のもつメイソン人脈をたくみに利用するすべを心得ていると同時に、誠実なフリーメイソンでもありました。カザノヴァは『来訪者名簿』に、「聖アンデレ会所のジャコモ・カザノヴァ、フランス全会所のパリ大視察役[12]」と記していますが、役職名は架空のものです。ともあれヨーロッパ各地を移動するときに、旅費を補い旅券としても役立つメイソン身分証明書は、広く普及していました。

数千人もの異邦人、フランス王国だけでも二〇〇〇ないし三〇〇〇人[13]に達する彼らを受け入れるために、フリーメイソンたちは予想される旅行者に適合した受け入れ組織をつくるようになります。フランス人とデンマーク人の協力により、一七八四年にパリで創設された「外国人結集」会所はその一例です。同様の試みは、ヨーロッパ中の政治首都で見出されますが、ここではロンドンの「九詩神」会所と、サンクト・ペテルブルク所在「北方選良結集」会所を引用するにとどめます。これらの会所名は、身分の高い旅行者向けの旅行案内書にも記載されています。[14]

パリの「外国人結集」会所は、「グランド・ツアー」途上の貴族青年たちを受け入れました。たとえばモルトケ伯フリードリヒは、この会所が創立されて二週間もたたないときに、そこを訪問しています。モルトケ伯はゲッティンゲン所在「三重光明」会所の発給した証明書を提示しましたが、彼は〔ゲッティンゲン大学〕在学中の多くのプロテスタント貴族と同じように、この会所で加入儀礼を受けていました。入会を認められると、彼は自分の個人教師も入会させたいと願い出ました。修行と行楽をかねた旅行のあいだ、彼はそれぞれの滞在地で会所を訪問します。たとえばイタリアに向けて出港する直前に、彼はトゥロン所在「イェルサレム聖ヨハネ」会所に姿をみせています。[15]

外国人学生を受け入れる会所、たとえばルター派大学の学生向けのストラスブール所在

「純真」会所、アイルランド人医学部学生向けのパリ所在「朝日アイルランド」会所、またレイデン所在「美徳」会所などは、コスモポリタンな社交世界に対して、メイソン団の提供する便宜が特化してゆくさまを表現しています。これらの会所には、教師と学生、身分の高い外国人や個人教師が集まり、グランド・ツアーは秘儀伝授の旅へと延長されますが、行楽も忘れられることはありません。それが社交界への入口になることは明白です。

3 メイソン的コスモポリタニズムの危機

急進的啓蒙主義の野望

啓蒙の世紀の終わりが近づくと、フリーメイソン世界共和国は、いわばその成功の代償として、[16]急進的啓蒙主義の勢力浸透に利用され、特定の政治的立場へと意図的に方向づけられようとします。フランスではニコラ・ド・ボンヴィルの場合がそうであり、のちに「社会サークル」の創立者となるこの人物は、当時イエズス会士たちがフリーメイソン会所内に浸透し、それを反啓蒙主義の方向にねじ曲げようとしていると非難していました。

ボンヴィルの考えでは、フリーメイソン団は啓蒙と蒙昧《もうまい》との闘争の中心に位置し、もしも蒙昧派がそれを掌握すれば、「人類の世界連合」を組織する機会は永遠に失われるのです。ボンヴィル自身は、当時のプロテスタント諸国で、貴族層のあいだに「隠れカトリシズム」が進展していると非難する主張から、強い影響を受けていました。この主張によれば、教皇主義がその腹黒い意図を隠すために、こっそりと浸透しつつあるのです[17]。

それゆえボンヴィルにとり、フリーメイソンたちが団の基本理念である政治的中立の原

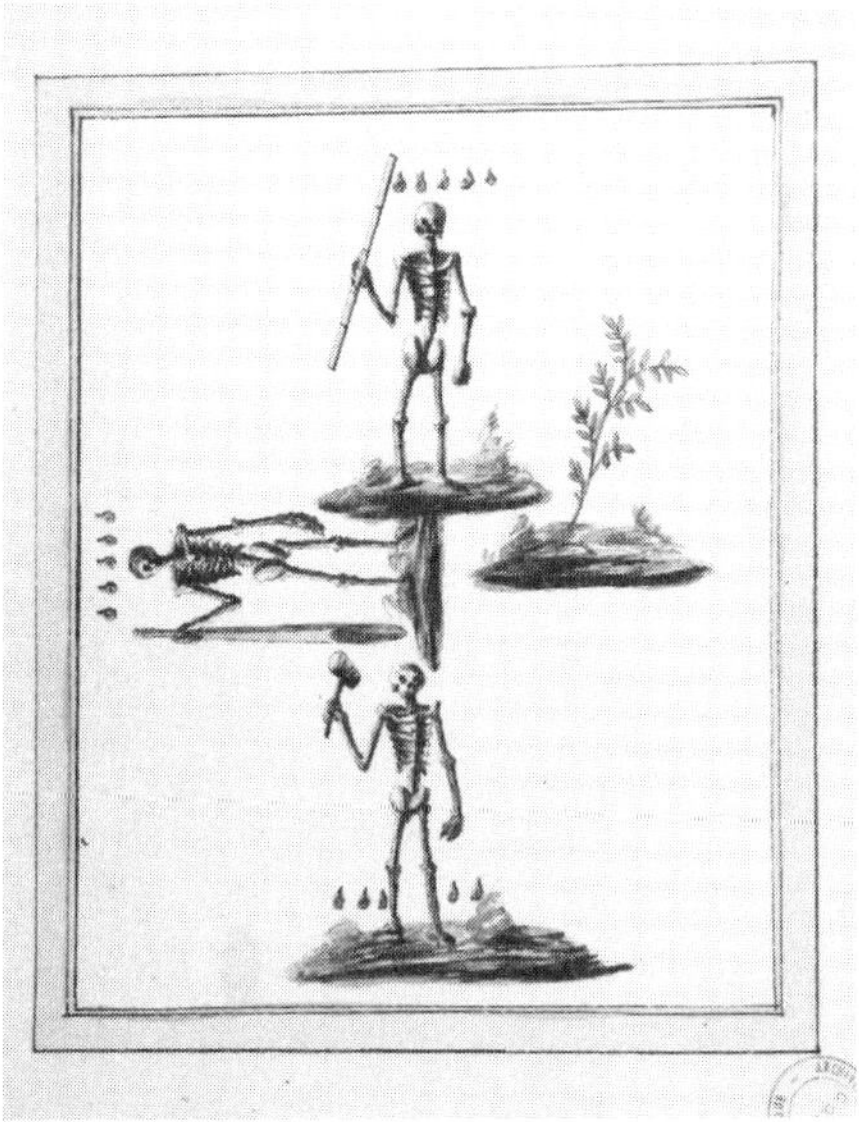

ヒラムを殺害した悪しき職人仲間(作者不詳，水彩画，18世紀)　親方位階とともにヒラム伝説が導入された結果，フリーメイソン団はそれまでの平穏な職人団体的雰囲気から，悲劇的で秘教的な思想性への転換に第一歩を踏み出すことになる。この絵はヒラムを殺害した３人の職人を骸骨の姿で描き，それぞれ手には殺害の道具になった作業用具を握っている。彼らの頭上や足下にしたたる赤い滴は，ヒラムの涙または血である。右側には，ヒラムの遺体を埋めた場所に目印として挿したアカシアの枝がみえる。

Images du patrimoine maçonnique, tome 1, pl. 265.

則を放棄し、戦闘的普遍主義の陣営に合流するように説得し、さらには強制することが緊急の課題になりました。彼はそのために象徴的存在として外国人結集会所を選び、彼の著作『イエズス会士はフリーメイソン団から放逐され、彼らの短刀はメイソンにより破壊される』をこの会所に献呈することにより、もともと無関係の政治闘争に会所を巻き込むことをためらいませんでした。外国人結集会所は、一七八八年六月九日の決議でこの危険な献呈を拒否しましたが、もはや手おくれでした。

ボンヴィルはフランス革命が勃発《ぼっぱつ》するとふたたび闘争を開始し、「社会サークル」の機関紙『鉄の口』の記事で、「この普遍協会（フリーメイソン団を指す）の内部には、ユダヤ人、イスラーム教徒、ペルシア人、フランク人、アングル人、ゲルマン人、スペイン人、ローマ人など、あらゆる人びとが混在する」と書いています。[18] しかし現実には、フリーメイソンたちはつねに会堂への入口を制限し、絶対的他者性をおびた人びと、すなわちユダヤ人、黒人、混血児、身体障害者を排除し、またそれほど徹底的ではありませんが、イスラーム教徒をも排除することが多かったのです。ボンヴィルはこう言明することにより、聖職者を主体とする誹謗者の非難にいつも反駁《はんばく》していたフリーメイソンたちを窮地に陥れました。これらの誹謗者は、フリーメイソンの会堂が諸民族と諸宗教の混淆の場であると非難していたからです。同様に革命期の状況変化は、フリーメイソン世界共和国をその根底から揺るがすことになります。

革命の衝撃

フランス革命はひとつの普遍主義的計画を育みましたが、しかしそれはアンシャン・レジームのコスモポリタニズムとは異なるものでした。後者は少数の人びとにだけ「啓蒙市民」の資格を与え、この人びとはヨーロッパのあらゆる場所で、同じ価値体系により相互に識別できたのです。ところがいまや異邦人は、「冷酷な指示語[19]」になり、革命の存続に対する脅威、生来の反革命容疑者として名指しされ、被包囲心理(四方八方から包囲されているという感情)を醸成し、多くの強迫観念を生み出しました。このような普遍的疑惑の文脈のもとで、フリーメイソンのコスモポリタニズムに対する嫌疑は深まり、世界市民は無国籍者に等しくなりました。これに対して前述のように、リーニュ公はヨーロッパのどこにいても違和感を覚えなかったのです。

総裁政府期から統領政府期にかけて活動を再開すると、メイソン諸組織は権力への忠誠のしるしと政治的潔白の証拠とを繰り返し表示するようになります。それは生きのびるために必要なことでした。彼らは一方で、法により禁止されたアンシャン・レジーム型の社交組織から自己を区別しながら、他方では露骨な革命的政治参加から一線を画さなければなりませんでした。兄弟たちはふたたび権力を安心させる方針を採用し、団体創立以来の原則に回帰したのです。この条件下で、しかもヨーロッパ戦争の状況下でコスモポリタニズムを復活させることは、当時ナショナリズムが加速度的に高揚しつつあるだけに、まったく時宜に適しませんでした。コスモポリタニズムはいまや評判を下落させ、それを信条とする人びとを危険にさらしたのです。

このとき外国人結集会所は、ふたたび象徴的にメイソン舞台の前面に登場します。この会所の創立者であるデンマーク貴族エルンスト・フリードリヒ・フォン・ヴァルターシュトルフ男爵は、一八一〇年九月十四日にデンマーク王大使としてナポレオン一世のもとに赴任しますが、それに先立つ三月十九日、フリーメイソン団のコスモポリタニズムと政治的中立原則を放棄し、新しい会所名として「マリ＝ルイーズ」[20]を採用するのです。会所名変更の一カ月後、一八一〇年四月にオーストリア大公女マリ＝ルイーズ（彼女は無力化された外国勢力の象徴でした）がナポレオンに嫁いだことを考えれば、ヴァルターシュトルフの政治的日和見主義は明白です。彼の選択を決定したのは、当時はとりわけフランスに有利だった政治的・戦略的情勢です。彼はフランスの戦勝に賭金を投じ、ナポレオンによる旧大陸の再編成から統一的で友愛的なヨーロッパが誕生し、古い敵対関係をようやく克服するのだという主張を擁護したのです。

親方位階の前掛け(絹製，手描き絵，18世紀中葉)　初期の前掛けの一例。ここにはフリーメイソンの基本的象徴群が，かなり写実的な手法で描かれている。中央には階段つきのソロモン神殿入口，その上に燃え立つ星，左右には太陽と月，その下にヤキンとボアズの円柱，錘重器，直角定規，槌，物差し，コンパス，鏝《こて》，さらに下方の左右両端に原石と加工石，下方中央に岩山とアカシアの枝が描かれている。

Images du patrimoine maçonnique, tome 1, pl. 268.

フランス革命と亡命運動と第一帝政との結果、メイソン団には大幅な人員の交替が生じ、アンシャン・レジーム期の会所指導者の多くは姿を消しました。これらの旧指導者こそは、ジョゼフ・ド・メストルを典型として、コスモポリタン的信条を表明し、兄弟たちを結集させる作業に貢献したのです。世界共和国の理念は、いまや妄想と反革命の恐怖とを育むにすぎません。たとえばベルリン駐在スペイン全権公使バリェホ騎士は、神聖同盟を着想した人物のひとりニコラ・ベルガスに対して、「その真の目的は、信教の絶対的自由をともなう世界共和国の実現にあります」[21]と書き送りました。ドイツの哲学者ヨハン・ゴットリープ・フィヒテは、その著書『フリーメイソンの哲学』のなかで、コスモポリタン的信条と祖国愛とを連結させようとしましたが、もう手おくれでした[22]。保守主義者の目からみれば、コスモポリタンなフリーメイソンは無国籍者になり、したがって外国勢力と世界的陰謀の手先になったのです[23]。

他方で会所内にとどまる一部の政治的急進派は、アンシャン・レジーム期のフリーメイソンが放棄した場所を占領し、非政治主義のメイソン的原則を拒否して、真のメイソン国際主義の基礎を固めようとしました。その後継者である平和主義的・国際主義的フリーメイソンは、十九世紀から二十世紀への転換期になっても、メイソンの国際協調と国際協力のために上層機関を創設し、世界共和国を実現しようと呼びかけました。それと並行して、この前衛的メイソンはエスペラント語その他の人工言語の運動にも参加しますが、これは啓蒙初期以来の言語的目標が復活したしるしなのです[24]。

1 «L'École des francs-maçons», in: Johel Coutura (éd.), *Le Parfait maçon. Les débuts de la Maçonnerie française (1736–1748)*. Saint-Étienne: Publications de l'Université de Saint-Étienne, 1994, pp. 198–199.

2 Prince de Ligne, *Mémoires,* dans A. Payne (éd.), *Mémoires, lettres et pensées.* Paris: François Bourin, 1989, p. 125.

3 Lucien Bély, *La Société des Princes.* Paris: Fayard, 2000.

4 Pierre-Yves Beaurepaire, *La République universelle des francs-maçons de Newton à Metternich.* Rennes: Éditions Ouest-France, *De mémoire d'homme: l'histoire,* 1999, ch. I: «Adam franc-maçon ? voyage au pays de la mémoire maçonnique», pp. 23–51.

5 Armand Mattelart, *Histoire de l'utopie planétaire. De la cité prophétique à la société globale.* Paris: La Découverte, 1999, 422p.

6 Marc Bélissa, *Fraternité universelle et intérêt national (1713–1795). Les cosmopolitiques du droit des gens.* Paris: Éditions Kimé, 1998, 462p.

7 この概念については、以下の文献を参照。Pierre-Yves Beaurepaire, *L'espace des francs-maçons. Une sociabilité européenne au XVIIIe siècle.* Rennes: Presses universitaires de Rennes, *Histoire,* 2003, 231p.

8 出典は私蔵文書。

9 Bibliothèque nationale universitaire de Strasbourg, Manuscrit 5437: *Registre des Procès-Verbaux de la Loge de La Candeur constituée mère des loges du Grand Orient de Strasbourg,* f° 339, procès-verbal de la tenue du 28 février 1776; Bertrand Diringer, *Franc-maçonnerie et société à Strasbourg au XVIIIe siècle.* Mémoire de maîtrise, Université des Sciences humaines de Strasbourg, 1980, p. 59.

10 Beaurepaire, «D'un rivage à l'autre. Médiations et appropriations culturelles dans l'espace maçonnique atlantique». *Dix-huitième siècle,* n° 33, 2001, pp. 219–230.

11 Orde van Vrijmetselaren onder Het Grootoosten der Nederlanden (La Haye), Archief, carton 4337, 41: 6, Registre des visiteurs de la loge la *Bien Aimée,* orient d'Amsterdam, f° 109.

12 *Ibid.*

13 Beaurepaire, *L'Autre et le Frère. L'Étranger et la Franc-maçonnerie en France au XVIIIe siècle.* Paris: Honoré Champion, 872p.

14 [Vincent-Luc Thiery], *Guide des amateurs et des étrangers voyageurs à Paris, ou description raisonnée de cette Ville, de sa Banlieue, et de tout ce qu'elles contiennent de remarquable. Par M. Thiery; enrichie de vues perspectives des principaux monumens modernes.* Paris: Hardouin et Gattey, 1787, tome I, pp. 278–279, 432, 734.

15 Bibliothèque nationale de France, Cabinet des manuscrits, Fonds maçonnique, FM^2 441, orient de Toulon, dossier de *Saint-Jean de Jérusalem,* f° 6, «tableau des frères qui composent la R[espectable] L[oge] de St Jean de Jérusalem à l'orient de Toulon à l'époque du 20 février 1785».

16 ダグラス・スミスは適切にこう述べています。「十八世紀末までには、フリーメイソン運動はもはや国際的運動の域を超えて、全世界的運動になった」。

17 ボーデ、ニコライ、クニッゲ、ヴァイスハウプトらの教唆のもとで、バイエルン光明会員と啓蒙主義者たちはこの主張を広め、おおいに効果をあげました。

18 Cité par: Auguste Viatte, *Les sources occultes du romantisme: illuminisme, théosophie, 1770–1820.* tome I. *Le préromantisme.* Paris: Honoré Champion, 1979, p. 316, note 1.

19 Sophie Wahnich, *L'impossible citoyen. L'étranger dans le discours de la Révolution française.* Paris: Albin Michel, 1997, p. 7.

20 Bibliothèque nationale de France, Cabinet des manuscrits, FM^2 97, dossier de *la Réunion des Étrangers,* orient de Paris, f° 86 v°–87 r°.

21 Jean-Denis Bergasse, *D'un rêve de réformation à une considération européenne. MM. Les Députés Bergasse (XVIIIe–XIXe siècles).* Cessenon, 1990, pp. 416–417.

22 フィヒテは、コンスタン宛の第一二書簡でこう書いています。「とはいえ完成された人間が、完成されるとともに国家から引き離され、軟弱で冷淡なコスモポリタニズムに身をまかせると考えてはなりません。むしろ反対に、これらの心情に動かされて、彼はもっとも完全でもっとも有用な愛国者となるのです。彼の心のなかで、祖国愛とコスモポリタン的感性とは緊密に結びつき、明確な関係性のなかにおかれます。すなわち祖国愛は彼の行動となり、コスモポリタン的感性は彼の思想となるのです。前者は現象であり、後者はこの現象の基底にある精神、つまり可視的なものの内部にある不可視的なものです」。J. G. Fichte, *Philosophie de la Maçonnerie,* introduction par Ives Radrizzani, traduction et notes par

Fawzia Tobgui. Paris: Vrin, 1995, p. 16.

23 Beaurepaire, «*Les véritables auteurs de la Révolution de France de 1789 démasqués.* Discours de persécution et crimes d'indifférenciation chez F. N. Sourdat de Troyes». *Dix-huitième siècle*, n° 32, 2000, pp. 483–497.

24 Beaurepaire, *L'Europe des francs-maçons (XVIII*^{e}*–XXI*^{e} *siècle)*. Paris: Belin, 2002.

深沢克己 訳

フリーメイソン研究史上の諸問題

フリーメイソン研究史上の諸問題は、特殊に現代的な性格をおびています。といいますのも、ソヴィエト連邦が崩壊するまで未公開だった大量の史料群が、今日では研究者たちに公開されたからです。とりわけモスクワ国家中央特別文書館には、一九四〇年にナチスにより押収され、四五年に赤軍により回収された数百箱のフランス・フリーメイソン諸会所文書が保管されていました。しかしそれと同時に、とくにフランスでは、フリーメイソン史研究は、十八〜十九世紀社会文化史の仕事場にしかるべき位置を見出すのに苦労しています。わたくしはここで、この逆説的現象を呈示しながら、フランスとヨーロッパ諸国におけるメイソン史研究を比較しながら総括し、研究の方向性を提案したいと思います。

1 他のヨーロッパ諸国と比べて、フランスの研究状況は見劣りがする

フランスでは毎年、フリーメイソン関連文献が数十点ずつ増加しています[1]。「メイソンの影響力のネットワーク」を論じたジャーナリスト的著作や、その他の非学問的文献をそこから除外しても、収穫はかなりの量にのぼります。しかしこれらの成果の質はまちまちで、フランスでのメイソン研究が健全であるという錯覚を与えかねません[2]。ところが実際には、それらは歴史家団体の（ピエール・ブルデュのいう意味で）「正統的な」研究領域の周縁におかれ、学界の承認から除外されているのです。最近二〇年来、このテーマで公開審査を受けたり、または準備中である博士論文の数は微々たるものです[3]。それらの大多数は、俗人またはメイソンの「好事家」的学者により執筆され、重要な実地研究の成果を与えますが、大学制度の枠組みの外部にとどまります。これに対して、サラゴサ大学の「スペイ

ン・フリーメイソン歴史研究センター」では、ホセ・アントニオ・フェレル・ベニメリ所長のもとで、十九〜二十世紀地域史を研究した博士論文が約二〇点も公表されました。このようにして、スペイン本国と植民地の領域が体系的に網羅されているのです。しかしフランスでは、参照可能な史料が存在し、新文書がつぎつぎに発見され[4]、またフランス大東方会や「人権会」(一八九三年にパリで創設されたフランス最初の男女混合会所・統轄団体。数度の分裂をへ

「東方の騎士」位階の前掛け(皮革製，手描き絵，19世紀初頭)　代表的な高位階のひとつ「東方の騎士」位階は，1750年代以降に出現したと考えられ，その後フランス儀礼の第６位階，古式受容スコットランド儀礼の第15位階として定着する。この位階の昇位儀礼は，ソロモン神殿の再建と中世の修道騎士団とを合体させた時代錯誤的な伝説に依拠する。すなわち旧約聖書エズラ記のなかで，アケメネス朝ペルシア王キュロスによりバビロン捕囚から解放されたユダヤ人の指導者ゾロバベルが，イェルサレムに帰還して神殿再建に着手する物語を，十字軍騎士団の聖地再征服に重ねている。左方の天幕はバビロンのキュロス王宮殿をあらわし，中央の橋上で衛兵と戦っているのが，ゾロバベルすなわち昇位志願者である。右手奥には，すでに再建された神殿がみえている。

Images du patrimoine maçonnique, tome 1, pl. 282.

て、現在も有力な組織）などの自由主義的な統轄団体が、自分たちの文書館や図書館を公開しようと努力しているにもかかわらず[5]、フリーメイソン史に関心をもつ学生や指導教授はごく少ないのです。

十八世紀フランスのメイソン空間は、完全に踏査されたというにはほど遠い状態です。地域史の観点からみれば、トゥルーズのフリーメイソンに関するミシェル・タユフェールの国家博士論文[6]や、『ノルマンディ地方の六〇〇〇人のフリーメイソン[7]』に関するエリック・ソニエの学位論文は、例外の部類に属します。フランス・フリーメイソン運動の中心諸都市は、いずれも数百人の兄弟たちを数え、ヨーロッパ規模の交流に深く関与していたにもかかわらず、その詳細は知られていません。ボルドーに関するジョエル・クテュラの諸研究は、主として会員リスト（これ自体も大東方会に返還された「ロシア文書」により改訂しなければなりません）と簡単な伝記的註釈から構成されています[8]。リヨン、ストラスブール、マルセイユは、まだしかるべき関心対象になっていません。ガリアの中心都市に関しては、リヨン商人でメイソン指導者だったジャン＝バティスト・ヴィレルモスに関するアリス・ジョリの古い研究作品が、いまだに基本文献として再版されています[9]。しかしリヨンのフリーメイソン運動は、騎士団的・キリスト教的メイソン制である矯正スコットランド儀礼の創始者の伝記に還元されるわけではありません。

同様の欠乏は、パリのフリーメイソン団についての知識にもみられます。ミシェル・ヴォヴェルの指導下に、一九八七年から準備されたイレーヌ・ディエトの博士論文『十八世紀末パリにおけるメイソン社交組織の研究』は放棄されたようです。[10]そして数点の修士論文は完成されたものの、フランス国立図書館のフリーメイソン文書の大部分は、まだ未開拓のままであり、さらに俗人の書き記した史料も利用すれば、パリのメイソン・エリート層の本格的な人物誌研究に取り組むことができるはずなのです。

この学問的投資の貧弱さは、全国誌と地方誌とを問わず、主要な学術雑誌にもあらわれており、それらにフリーメイソン史関連の論文が掲載されることはまれです。それも投稿が拒否されたわけではなく、[11]投稿自体が少ないのです。さらに特集号を組もうとしても、諸外国の研究者の大幅な協力がなければ、[12]現状では不可能だと思います。これに対してイタリアでは、ツェッフィーロ・チュッフォレッティが編者となり、『イル・ヴュスー』一九九一年の特集号「十八世紀ヨーロッパにおけるフリーメイソン団と社交形態」が刊行され、またフルヴィオ・コンティの編集した特集号「十九〜二十世紀ヨーロッパにおけるフリーメイソン団と政治」が、九九年の『論考と研究——現代史雑誌』に掲載されました。

オーストリアでは、ヘルムート・ライナルターが年二回刊行の専門雑誌『国際フリーメイソン研究雑誌』を二〇〇〇年に発刊しています。

ただしフランスでも、十八世紀研究フランス協会の年刊雑誌『十八世紀』は例外であり、これは文学中心でありながら歴史家にも門戸を開き、一九八七年にはダニエル・リグー編集による「フリーメイソン」特集号を刊行したばかりでなく、[13] 多数の書評も掲載し、さらにフリーメイソンを直接の研究対象とする論文を、たいてい毎年ひとつ以上は公表しています。この独自の立場は、十八世紀研究協会の歴史に起因すると同時に、十八世紀文学研究者の多くが、「九詩神会所」のフリーメイソンたちに共感をもっていることに由来します。この会所の前身は、総括徴税請負人で啓蒙哲学者でもあったエルヴェシウスが創設した「諸科学」会所でありました。

制度上の弱点

フランスには、フリーメイソン史の研究センターがありません。たしかに一九七〇年代には、レンヌ大学にメイソン学講座があり、ジャック・ブラングが主任教授を務めたので、フランスの「メイソン学者」はこの幸福な時代に郷愁を感じています。けれども実際には、それはメイソン研究の演習にすぎず、長続きはしませんでした。パリ＝ソルボンヌ第四大学の十七〜十八世紀フランス語・フランス文学研究センターの内部では、シャルル・ポルセが一九九六年創設の「啓蒙主義・天啓思想・フリーメイソン思想研究」グループを牽引しています。しかしその責任者がはっきりと認めるように、この研究グループは非公式な運用上の存在にすぎません。ポルセはグループ内で唯一の専任教員ですが、それでも単独

「薔薇十字主君」位階の前掛け(皮革製，手描き絵，19世紀初頭)　　同じく代表的な高位階である「薔薇十字」位階は，フランス儀礼では最高の第７位階，古式受容スコットランド儀礼では第18位階を占める。この位階ではとくにキリスト教的性格が濃厚であり，すべての象徴体系はキリストの愛と受難と復活を暗示する。この前掛けにもみられるように，十字架の下でペリカンがみずからの血で雛を養う図像は，贖い主イエス・キリストの象徴として古くから知られる。４人の人物の周囲には，破壊された円柱や石工の道具が散乱し，神殿とメイソン団の荒廃が表現される。この荒廃は昇位儀礼のなかでも言及され，志願者の使命が「失われた言葉」の回復にあることが明示される。

Images du patrimoine maçonnique, tome 1, pl. 283.

で注目すべき活動を展開し、メイソン関連史料の調査[14]・校訂・刊行をおこなっています。高等研究実習院の第五部門(宗教学)では、アントワーヌ・フェーヴルとその後任ジャン＝ピエール・ブラックが、近世・近現代ヨーロッパにおける秘教的・神秘的思想潮流の歴史に関する演習を担当してきました。[15] 秘教思想家のネットワークとフリーメイソンの社交組織網とは重なりあうので、この演習は多くのフリーメイソン研究に制度上の枠組みを提供しましたが、それらは主として象徴体系や高位階儀礼を研究対象とするものでした。そこでは社会文化史的研究はごく周縁的な位置を占めるにすぎません。[16]

他のヨーロッパ諸国では事情が異なります。ベルギーではブリュッセル自由大学がメイソン的起源をもち(ピエール＝テオドル・ヴェラゲンを中心とする自由主義的メイソンにより一八三四年に創立)、今日でもベルギー大東方会と緊密に結びついているので、そこの宗教・世俗思想研究所は多大な活動手段をもっています。この研究所はブリュッセル大学出版会の内部で独自の叢書をもつばかりでなく、公営テレビ局ＲＴＢＦおよびラジオ局に放送番組をもつのです。[17]

スペインでは、フリーメイソン団はベルギーやフランスと比べて勢力は小さく、基盤も弱いのですが、それでも活発な二つの歴史研究センターが存在します。ひとつはすでに引用したサラゴサ大学のスペイン・フリーメイソン歴史研究センターであり、もうひとつはもっと最近創立されたマドリッドのコミリャス教皇大学内「自由主義・クラウゼ主義〔ドイツの哲学者クラウゼの合理主義的観念論。一八五〇年代からスペインに導入され、多大な影響力をもった〕・フリーメイソン研究所」です。十八世紀スペインではフリーメイソン団の発展は挫折したので、研究は十九〜二十世紀に集中していますが、それでもサラゴサの研究所長ホセ・アントニオ・フェレル・ベニメリは、ヴァティカン秘密文書をもちいて、〔十八世紀の〕カトリック教会とフリーメイソン団との関係について長年にわたり研究しました。[18] サラゴサ研究センターは、一九八三年から八回にわたり、スペイン・植民地・ヨーロッパのフリーメイソン史に関する国際シンポジウムを組織しました。最後のシンポジウムは二〇〇〇年にセゴビアで開催され、その報告集『二〇〇〇年のスペイン・フリーメイソン団——歴史の修正』は最近刊行されましたが、一〇〇〇頁を超える大著で、研究活動の豊かさをよく伝えています。[19] 他方でコミリャス大学の自由主義・クラウゼ主義・フリーメイソン研究所は、フリーメイソン団と公共空間およびフリーメイソン政治文化との関係を、ヨーロッパ的次元で研究しています。[20]

ドイツ語圏では、主要な研究センターはインスブルック大学にある「一七七〇〜一八五〇年間の中央ヨーロッパ民主運動」国際研究所です[21]。ヘルムート・ライナルターの運営するこの研究所もヨーロッパ的視点を採用し、一七七〇〜一八三〇年代の「革命的移行」期に関心を集中しながら、フリーメイソン史を当時の社会的・文化的・政治的状況のなかに位置づけようとしています。その主要な研究課題は、プロイセン秘密文書館フリーメイソン文書の目録作成と利用[22]、急進的啓蒙主義者の秘密結社「バイエルン光明会[23]」の研究、および中央・東ヨーロッパのジャコバン派の研究です。

イギリスでも、イングランド合同大会所は、非メイソンの歴史家に対して文書館の門戸を長らく閉ざしてきましたが、最近では歴史家による研究の重要性を認識し、遅れを取り戻そうとしています。一九九九年には、キャノンベリ・メイソン研究センターがロンドンに創設されました。そこではメイソン研究者による連続講演会が組織され、学生たちの研究が奨励されています。さらに合同大会所は、シェフィールド大学の内部に、つまり大学機関の後援下に、「フリーメイソン研究センター」を創設するのに寄与しました。この研究センターの所長には、意図的に俗人研究者であるアンドル・プレスコットが指名されました。創立以来、この研究センターは演習を組織し、ウィリアム・プレストン著『メイソン団顕揚』などの貴重な史料を刊行しています[24]。

とはいえロンドン刊行の研究雑誌『四人の戴冠者学報《アルス・クワトゥオル・コロナートールム》』は、ドイツで刊行されている姉妹雑誌『四人の戴冠者年報《クワトゥオル・コロナーティ・ヤールブーフ》』には対抗できません。ドイツの雑誌は、学問的な厳密さと、大学研究者への開放的姿勢において模範的というべきです。意味深いことに、イギリスでもっとも将来性のあるフリーメイソン史研究の領野は、俗人の大学教授デイヴィド・スティーヴンソンにより、スコットランドで開拓されました。[25] スティーヴンソンは、イン

地球全図のある薔薇十字位階の前掛け(絹製，プリント画，19世紀初頭)　十字架に薔薇の花を組み合わせた典型的図像の一例。十字架が立つのはもちろんゴルゴタの丘であり，蓋のない棺はイエスの復活を暗示する。上部には十字架つき地球図に，(宇宙の一体性と永続性の寓意である)ウロボロスの蛇が巻きついている。音楽史家ジャック・シャイェは，リヒャルト・ワーグナーの聖祝祭劇『パルジファル』の隠された意味を，聖杯の儀式を昇位儀礼に取り入れた薔薇十字位階に求める解釈を呈示したが，死と再生，衰退と復活のテーマは，たしかに両者に共通する。なお現在の世俗主義的なフランス儀礼では，薔薇十字位階のキリスト教的性格は，第二義的なものとみなされる。

Images du patrimoine maçonnique, tome 1, pl. 293.

グランド・フリーメイソン団創立神話に果敢に挑戦し、合同大会所内部に動揺を引き起こしたのです[26]。

フランスの歴史家による限定的貢献

それゆえヨーロッパ的視野からみれば、フランスのメイソン研究は微妙な位置にあります。研究指導者の更新がおこなわれないために、事態はなおさら複雑化しています。アラン・ル・ビヤンとダニエル・リグー[27]は、ずっと以前から引退しています。ピエール・シュヴァリエは一九九八年に死去しました。しかし高齢化に加えて、メイソン史研究は研究者の早期撤退に悩んでいます。彼らはこの分野で業績をあげて名を知られたのち、別の研究分野に転向してしまうのです。とくにジェラール・ガヨの場合がそうで、彼ははやくも一九六五年に『シャルルヴィル所在のフリーメイソン』に関する模範的研究を執筆したのち、プロテスタンティズムとフリーメイソンの関係について、またメイソン言語体系について、そしてとりわけ平等の言説と不平等の現実との関係について、先駆的諸論文を公表しました[28]。さらに彼は、ガリマール＆ジュリアール社の「古文書」叢書の一巻として、メイソン関連文書の貴重な史料集を刊行しました。その初版は一九八〇年に、再版は一一年後に出ています。[29] ところが彼は、この研究分野から徐々に遠ざかり、比較的最近にもいくつか論文を書いてはいますが、[30] 二〇年前から主要な研究対象をスダン毛織物工業とその延長上にあるヨーロッパ繊維産業・商業の歴史に集中しているのです。[31] 最後に付言すれば、ジェラール・ガヨは、フリーメイソン団を民主的社交関係の起源とみなすラン・アレヴィの批判に対して、回答を拒否しました。[32] しかしガヨは、議論の余地あるアレヴィの主張に対して、反論する論拠をもっていたはずです。フリーメイソンの会所は、現実にはアンシャン・レジーム社会の枠内で開花したものだからです。[33]

ジェラール・ガヨの編集した史料集が刊行された四年後に、ラン・アレヴィの博士論文の一部が、『アンシャン・レジーム期フランスのフリーメイソン会所——民主的社交関係の起源論』の書名で、権威ある叢書「年報手帖《カイエ・デ・ザナル》」の一冊として出版されたときには、同じく重要な波及効果があるだろうと期待されました。[34] オギュスタン・コシャンの著作を読み、フランソワ・フュレの指導を受けた著者は、都市分布図の緻密な研究をふまえて十八世紀フリーメイソン会所の定着度を再検討しました。ラン・アレヴィは、フリーメイソン会所を「民主的」社交関係の実験室として描きながら、大規模な著作を予告していました。しかし二〇年後には、彼もまたこの分野を放棄し、研究を方向転換させたのです。

結局のところフリーメイソン史は、フランスの大学に所属する多くの研究者にとって、地雷つきの畑地のようなものであり、そこに迷いこむのは評価を高めないだけでなく、危険なことでもあるのです。フリーメイソンの歴史は、依然としてよく知られていません。一部の人びとは、それを制度上の年代記に還元し、それで事足れりと考えていますし、別の人びとは、自分がフリーメイソンでないと、史料は見られないのではないかと想像しています。ただひとつ獲得された成果は、フランス革命の起源にはフリーメイソンの陰謀があったという主張が、今日では消滅したことです。しかしとりわけドイツの場合と異なり、「フェアシュヴェールングステオリー」[35]すなわち陰謀理論（英語ではコンスピラシ・シーオリ）は、フランスで歴史研究の対象とされていません。

2　メイソン学の袋小路から新研究領域の開拓へ

メイソン学——特殊フランス的な研究部門

大学所属の研究者たちが離脱したために、フランスでは「メイソン学《マソノロジー》」が難なく研究分野の中核を占領し、フリーメイソン史の歴史記述を支配するようになりました。アレク・メロールは、自分がメイソン学の名付け親であると主張して、つぎのように定義していま す。「わたくしの著書『選択の時代のフリーメイソン団』(一九六三年)のなかで、わたくしは願いをこめて新しい歴史分野の出現を希求し、それをメイソン学と呼ぶことを提案した。それはフリーメイソン史について、近代歴史学の科学的方法の適用をようやく実現させる

「黒鷲の騎士」位階の前掛け(皮革製，手描き絵，18世紀中葉)　ペリカンがキリスト教図像学の対象であるとすれば，鷲は錬金術の象徴体系の一部として説明される。18世紀中葉から増殖する多種多様な高位階制には，「黒鷲の騎士」「黒鷲・白鷲の騎士」の名称が出現し，19世紀のミスライム(エジプト)儀礼では「赤鷲の騎士」も導入され，現在の古式受容スコットランド儀礼では「黒鷲・白鷲の騎士」が第30位階に相当する。錬金術の象徴体系において，鷲は「気化」または「酸」の寓意であり，また黒・白・赤は，それぞれ「腐敗」「復活」「紅化」の作業過程を象徴し，この最後の段階で「賢者の石」が獲得される。

Images du patrimoine maçonnique, tome 1, pl. 307.

だろう[36]」。パリ＝ソルボンヌ第四大学の十七～十八世紀フランス語・フランス文学研究センターの内部における研究方針をシャルル・ポルセが呈示したときにも、メイソン学の用語をもちいています[37]。

じじつ、メイソン学者およびフランス統轄団体の公認歴史家たちは、きわめて大きな存在感を与えています。彼らはみずからの研究雑誌をもち、たとえば『メイソン史年報』や『伝統的ルネサンス』はめざましい努力を重ねていますが、さらにみずからの出版社、代表的なものをあげればエディマフ（フランス・フリーメイソン出版会の略称）、トレダニエル、デルヴィ＝リーヴルなどを経営し、自分たちの研究集会として「伝統的ルネサンス・シンポジウム[38]」を一九九五年から毎年開催し、制度化された研究組織として大東方会内部の「フリーメイソン研究所」や人権会の歴史委員会などを運営しています。また一九九七年にトゥールで大規模なフリーメイソン展覧会が開かれたのを母体に、二〇〇一年以降「メイソン学研究・交流空間」（ＥＲＥＭ）が発足しました。しかしＥＲＥＭが選んだ研究集会の論題（二〇〇一年は「文書の時代と画像の時代における象徴の解読」、〇二年は「メイソンの秘密と透明性」）は、大学所属の研究者の目にはあまりに秘教的にみえたので、またしても「メイソン同士の語り合い」をやっていると批評されたのです。

これらの批判には根拠があります。メイソン学者たちはフリーメイソン団の起源をむなしく探究することに精力を使いはたし、なかなか創立伝説を放棄しようとしないので、それを民族学者の手法にならって神話的構築物として研究することができず、スコットランドに関するデイヴィッド・スティーヴンソンの著作に匹敵するような研究を実現することができないのです[39]。

すれちがい、または社交生活研究のパラドクス

このようにメイソン研究史の問題性と行き詰まりを呈示すれば、驚かれるのは当然のことでしょう。それではゲオルク・ジンメル[40]、ユルゲン・ハーバマス、モリス・アギュロン、ダニエル・ロッシュらの諸研究はどうなのだ、といわれるでしょう。アンシャン・レジームのフリーメイソン会所が、啓蒙期の「社交都市」研究[41]と密接に結びつき、都市的社交の構造と実践を観察し構築するための先駆的実験場、エリート層のネットワークと社会的・文化的・政治的な戦略や軌跡を映し出す反射鏡になっていることを、まるで忘れているのではないか。フリーメイソン会所が、十八〜十九世紀社交史研究を代表する諸著作の中心テーマになったことを忘れていないか。たとえばモリス・アギュロンの『悔悛苦行兄弟団

員とフリーメイソン』[42]、同じ著者の『ブルジョワ的フランスの社交サークル』[43]、ダニエル・ロッシュの『地方における啓蒙の世紀』[44]、ユルゲン・ハーバマスの『公共空間』[45]などはどうなのだ、と反論されるでしょう。わたくし自身は、そこに矛盾はないと考えていますが、しかしこのパラドクスの内実を皆さんと御一緒に検討し解明してみたいと思います。十八～十九世紀フリーメイソン史は、移行期における社交生活の実験場である一七四〇～一八三〇年代のメイソン会所の歴史にほかなりませんが、研究者たちはそれに充分な関心をはらってこなかったのです。

いま列挙した諸業績のほとんどは、メイソン研究の専門家集団の外部にいる研究者の作品です。したがって彼らの研究作業場のなかで、フリーメイソン団は中心的な位置を占めてはいません[46]。十八世紀の都市エリート、高等法院や商業界のエリート層に関する課程博士論文や国家博士論文についても事情は変わらず、そこでは啓蒙期の社交の場、とくにフリーメイソン会所について一章をあてる程度です[47]。これらの研究者は、自分たちの研究対象と調査計画に応じて会所関連文書を開き、利用し、ふたたび閉じてしまいました。そうだからこそ、彼らは統轄団体の制度運営史に深入りせず、また「メイソン学」の袋小路に閉じこもることもなかったのです。それとは反対に、彼らは説得力のある手法で、メイソン的結合をその社会的・文化的・家族的・宗派的・政治的文脈のうえに置き直すことに成功しました。

しかしその反面、彼らの諸業績は、専門的なメイソン研究に対してわずかな影響力しかもちませんでした。それらは「メイソン学者」共同体の内部に、メイソン的社交とその戦略的意味についての認識を高めるのに、さほど貢献しませんでした。メイソン研究は、この新領域の開拓を利用して、社会文化史研究に参加しようとはせずに、みずからを孤立さ

「不死鳥の騎士」位階の絵皿(黄色地陶器，マルセイユ，ペラン未亡人社製，18世紀)　18世紀から今日まで，フリーメイソンの図像を描いた皿・壺・水差しなどの陶磁器は数多く製造され，図像学的研究のために貴重な素材を提供する。みずからを焼いた灰のなかからよみがえる霊鳥は，不死永生または死と再生の象徴であり，実践的錬金術では紅色の「賢者の石」の暗喩であり，霊的錬金術では神の言葉またはキリストと同一視される。この絵皿の中央部，四角形と円と三角形とに囲まれた図像はやや判別困難であるが，周囲を取り巻く煙が，不死鳥の巣を焼く煙であることはまちがいない。

Images du patrimoine maçonnique, tome 1, pl. 362.

せる道を選びました。ポール・ルイヨは、はやくも一九五三年の『経済・社会・文明年報』誌上で、フリーメイソン団を「社会的事象」[48]として研究することを提案しましたが、この呼びかけは現在にいたるまで、大多数のフランス・メイソン研究者の耳にとどいていないことを、認めざるをえないでしょう。だとすれば公共空間や社会ネットワークをめぐる事情についても、たやすく想像がつくはずです。「社交関係」や「メイソン・ネットワーク」の用語が普及しつつあるとしても、それらはたいていの場合、比喩的な次元にとどまっています[49]。

こういう状態ですから、執筆されてから四〇年もたつのに、ピエール・シュヴァリエやアラン・ル・ビヤンの諸著作が、依然として学問的なフランス・フリーメイソン史の基礎文献になっていることは容易に理解できます。彼らの諸著作は、一九一〇〜二〇年代に初版の出たルネ・ル・フォレスティエの諸作品[50]とともに、定期的に再版されていますが、そのこと自体、研究の停滞をあらわす徴候です[51]。実証主義史学の碩学《せきがく》的方法を継承したこのフリーメイソン史は、「アナール」学派の影響下に推進された社会文化史の大規模な調査研究とは出会うことがありませんでした。ピエール・シュヴァリエの功績には異論の余地がありませんが、彼の著作がパリを中心とするフランス統轄諸団体の制度運営史に重点をおき、メイソン的社交性・感受性の歴史が手薄であることは認めざるをえません[52]。

この半世紀以上にわたる研究史上・認識論上のずれが、両者間の交流による豊饒化を妨げてきました。同様の事態は、十九世紀前半についても確認されます。この時代は長らく未開拓の研究分野になっていますが[53]、フリーメイソンたちはまさしくこの時代に、人類愛と自由主義的政治参加を通じて、国家と政治論争の舞台に登場するのです。最近刊行されたアンドレ・コンブ著『十九世紀フランスのフリーメイソン史』[54]は、情報が正確で明晰である点を高く評価できますが、実証主義的な制度運営史が、「メイソン学者」たちのあいだで依然として支配的地位を保持していることをよく示しています。

しかし大学でおこなわれる通例の研究手法にも、責任の一端があります。ただしこれは、研究の発展初期に位置する前述の先駆的諸業績とは区別して考えるべきです。それはメイソン史研究に不利な条件を課しています。性急な研究者はなによりも人名探索を優先しますが、人名リスト、「そこに所属する人びと」の一覧表、またはせいぜい記述的社会誌は、メイソン的社交関係の研究を深めることにはなりません[55]。公式の会所設立の日付や、若干の制度運営上の書簡や、会所数や会員数などのデータから、当該都市における啓蒙思想伝播が早かったとか遅かったとか結論する研究者が多すぎます。あたかもフリーメイソン思想と啓蒙主義との同一性が自明であるかのように……。

3　研究史の新しい展望

史学史上の有利な動向

容易に参照できる制度運営上の史料だけを利用していると、その内容はおもに各会所が統轄団体宛に送った報告書類から構成されていますから、都市エリート層の重要な一部分をなすメイソン人物誌を、真の意味で描き出すことはできませんでした。メイソン的社交関係は、制度化された組織や団体としてではなく、出会いと交渉と交流の空間、一七二三年の『アンダーソン憲章』の表現を借りれば、「さもなくば出会うことのなかっただろう人びと」が、物理的・象徴的に交流し、情報を交換する空間として、それ自体のために研究する価値があります。記述的社会誌は、会員の自己申告を唯一の根拠(!)として、会所構成員を職能別社会集団に分類するばかりで、メイソン社交空間における個人的軌跡や、入会すべき会所の選択や、特定の位階、とりわけ騎士団的・キリスト教的高位階の自発的

宴会風景(クラヴェル『フリーメイソン団の絵画的歴史』中の版画，1843年)　ロンドンの居酒屋で開かれた初期の集会では，集会後の宴会も素朴なものだったが，フランスに導入されたのち，貴族層の影響下に宴会は盛大になり，同時に儀礼化・記号化が進行する。とくに注目されるのは軍隊風の用語や儀礼の導入であり，たとえばワイン樽は「火薬庫」，ワインは「火薬」，グラスは「大砲」と呼ばれ，会所長の「充填せよ，武器を取れ，構えよ，撃て」の指示にしたがって，ワインをグラスに注ぎ，手をグラスに掛け，それを高く掲げ，口に当てて飲む，というぐあいに乾杯がおこなわれた。乾杯・拍手・食事・楽器演奏・讃歌合唱などから構成される宴会は，友愛団の活動のなかで重要不可欠な要素をなす。

Images du patrimoine maçonnique, tome 1, pl. 357.

実践などの重要性を無視し、もっぱら所属する社会層により性格規定するのです。そこでの社交生活は、拘束的な社会的紐帯により決定される組織となり、諸個人は社会集団の背後に消失し、社会集団こそが真の活動主体となるのです。だから貴族的会所があり、ブルジョワ的会所がある、というわけです。

しかし今日では状況が逆転し、研究史の刷新が可能になったと思います。社会ネットワーク研究の台頭により[57]、メイソン的社交関係、およびその領野に含まれる個人的な軌跡と装備について、別のアプローチを試みることが可能になりました。いまや諸個人間の関係を個別にとらえるのではなく、関係総体の構成部分として把握し、その組織網と人脈を研究して、可能な行動の広がりを解明しようとするのです。同様に、ジャック・ルヴェルが『地面に密着した歴史』のなかで定義を与えたミクロストリア、すなわち「一定の属性をもつ対象としてではなく、たえず順応する形状の内部における流動的相互関係の総体として、社会現象を研究すること[58]」により、社交生活のただなかに個人を置き直す好機が訪れました。そこでフリーメイソン史家としては、会員名簿のほかにも史料があり、それらは個々人のメイソン的軌跡を再構成するのに役立つばかりでなく、会堂の作業者〔メイソン〕たちを取り巻く世俗的環境、彼らが活動し、諸関係のネットワークを構築する社会空間を照らしだすこともできるのだ、ということを示さなければなりません。

自己文書、関係性の空間、諸個人の軌跡

マルクス主義と構造主義のパラダイムが批判の俎上に載せられるようになると、主体への回帰、個人的伝記、個人的軌跡や諸個人間の関係についての詳細な研究の人気回復に道が開かれました。しかしながら研究者は、史料への幻想におぼれて、すべてをもれなく記した「絶対史料」を発見したかのような錯覚に陶酔してはいけません。時系列史の史料、とくに租税史料は、社会の豊かさを網羅するものではありませんが、それに対して、日記や私的書簡を発掘した研究者は、「真の」史料を白日のもとに出したという陶酔感にひたりがちです。個人的記録は「内心の記録」または「自己文書《エゴ・ドキュマン》」とも呼ばれますが、それらがあたかも過去の生活の忠実で永続的で真正な保管所、現代における航空機のブラック・ボックス〔フライト・レコーダー〕であるかのように錯覚するのです。しかし個人的記録は、中立的史料ではありません。それらは著者により、著者自身のために、また周囲の人びとや不特定多数の人びとのために、ときには彼らに対抗して、さらに著者の子孫や同時代人すべてを想定して、生み出され、構成され、加工されたものです。それゆえすべての史料は

偏向的です。これは自明の事実ですが、ここで喚起しておく価値があります。というのも純粋で真正の史料という幻想は、まだはびこっているからです。それがもたらす危険性は、もちろん閉鎖的史料体のもつ危険性であり、自分の研究対象から抜け出して広い文脈に位置づけることができず、研究が徐々に窒息死する危険性です。

それゆえ史料への幻想におぼれず、また方法論上の選択の背後に、しばしばイデオロギー的立場が隠されていることにも注意しながら、個人的記録の目録を作成し、それらを活用するのに有利な状況をとらえて、フリーメイソン研究史を刷新すべきです。個人的記録は、個人的軌跡と同時に、それをつつむ環境をも明らかにします。それらは特定集団の必然的行程の「例証」ではなく、「非人格的な」集合的道程の生気のない陰気な複写でもなく、また社会の脈石から取り出した例外的証言でもありません。ジャック・ルヴェルもいうように、「われわれが直面しているのは、［たんなる「主体への回帰」または「当事者」への回帰とは］異なる性質のものだと考えられる。それはむしろこれらの諸問題を定義しなおす試みであり、行為すなわち行動・選択・交渉[59]に基づいて、さらには可能性の条件を外部から規定された社会空間の束縛に基づいて、定義しなおす試みなのである[60]」（［　］内はボルペールによる補足）。

以上すべての理由から、個人的記録はフリーメイソン団、社交関係、文化実践を研究する歴史家にとり、筆頭の関心対象になります。なぜならばこれらの記録は、個人とその環境との関係を探査し、「社交の交わり」が形成される空間を計測しますが、この空間がなければ、社交性は社会的人間のたんなる潜在傾向にすぎないからです。これらの文書だけが、会員名簿や制度運営文書、すなわち会所と統轄団体のあいだで合意され規範化された往復文書の次元を超えて、真に重要な問題を提起することができるのです。

すなわち、人はなぜフリーメイソンになるのか？　それにはどんな道すじをたどるの

フリーメイソン会所用ワインのラベル（ボルドー，1997年）　フリーメイソン団はその儀礼を執行するために，前掛け，肩章，徽章，飾り紐，敷物，燭台など，多くの装飾品を必要とし，また宴会のために食器，ナプキン，ワイン，料理などを購入したので，友愛団に必需品を供給する関連業種がはやくから発達し，特製品が生産された。写真はボルドー地方のロック・ド・バウダン原産地記名ワインのラベルであるが，中央部の円内の記載を見ると，それがフランス大東方会所属の「社会の夜明け」会所創立百周年のために特注したラベルであることがわかる。なおメイソン暦6000年は，西暦2000年に相当する。

Images du patrimoine maçonnique, tome 1, pl. 381.

か？　加入儀礼の志願者は、うわさや風聞によってしかフリーメイソン団のことを知らないとすれば、リスクを冒す決意はどうやってなされるのか？　「王の技法」はなぜ、いかにして、三〇年たらずでペルミ〔ロシア・ウラル地方の都市〕からバタヴィアまで移植され、人びとを魅惑したのか？　この団体があらゆる試練をのりこえて、三世紀間にわたり再生を繰り返し、今日では全地球規模で定着する能力をもった事実を、どうやって説明するのか？　個人的探求や内観と、目立たない匿名の一員として会堂の作業者仲間に参加することとは、どう結びつくのか？　きわめて多様な地理的・社会的・文化的・哲学的・宗教的出自をもつフリーメイソンたちを、どんなきずなで結びつけるのか？　兄弟各人を「アルテル・エゴ」〔第二の自我〕に還元できない状況のもとで、いかにして各個人の経験は、真の友愛共同体の形成に参画することができるのか？　この友愛共同体は、強いきずなと弱いきずなをめぐる古典的な社会学的対立を超越しながらも、俗人界に生じる変動や緊張に対して無感覚ではないのです。

個人的記録[61]は、マドレーヌ・フォワジルの「内心の記述行為[62]」を典拠として「内心の記録」とも呼ばれ、またオランダ人研究者ヤコブ・プレセルが一九六〇年代半ばにつくった造語[63]に依拠して「自己文書」とも呼ばれますが、今日ではヨーロッパ人歴史家に愛好されています。[64] しかし大多数のフリーメイソン史家にとり、自己文書はまだ発見途上です。おもに制度運営上の文書から構成されるフランス国立図書館フリーメイソン文書には、自己文書は見出されません。もっと深刻な事情は、私的書簡と日記や回想録とを問わず、フリーメイソンたちは友愛団への所属を容易に口外しないことです。彼らは長らく、各位階の教理問答や、会所の規則や、合言葉や合図の動作などを文書化することさえも拒否していました。メイソン文化はもともと口承文化であり、秘儀伝受者のあいだで古来より継承された文化なのです。旅行日記もさほど多くの情報を与えません。ジェイムズ・ボズウェル〔一七四〇〜九五、エディンバラ出身の法律家・文筆家。スコットランド副大会所長など歴任〕のヨーロッパ旅行に、メイソン的要素が含まれたことについて、彼自身が沈黙を守った事実は、よく知られています。[65] ですから障碍があるのはたしかですが、しかし足跡の探索を放棄すべきではありません。

わたくしはすでに著書『他者と兄弟』のなかで、ドイツ啓蒙主義者ヨハン・ヨアヒム・クリストフ・ボーデが一七八七年夏に記した『ワイマールからパリへの旅行日記』に、豊富な情報が含まれることを示しました。ボーデは医師メスメルの磁気桶（動物磁気説）が、流行品の販売店と同じくらい熱狂的な人気を博したことや、彼自身がパリにバイエルン光明会の拠点を築こうと試みたことを、詳細に記述しています[66]。書簡の分野では、ジャン゠バティスト・ヴィレルモスの書簡[67]や、ラングドック人ピエール・ド・ゲネが友人ピエール゠ジャック・アストリュクと交わした手紙[68]は、同じく豊富な情報をもたらし、照合・補完・批判の素材を提供しました[69]。

より最近では、「コルブロンの世界」プロジェクトにおいて、「アルカン」という電子出版・情報処理装置を利用しながら、わたくしはフランス人外交官マリ゠ダニエル・ブレ騎士、のちコルブロン伯（一七四八〜一八一〇）の『日記』を素材として、活発な社交生活を営んだこのフリーメイソン貴族の関係空間を再構成し、メイソン的社交と世俗的社交のあいだで、またパリとサンクト・ペテルブルクのあいだで形成された彼の秘儀伝授的・俗人的軌跡を研究することにより、フランスとヨーロッパにおける新しいメイソン社交関係史がいまや可能であることを、史料に基づいて論証しました。この研究成果は、人文・社会科学部門のインターネット・サイト、http://www.egodoc.revues.org/corberon/ に公開され、それを実現させた情報処理装置とともに、研究者共同体の利用に供されています。

ですからいまや開かれたフリーメイソン史が、社会史と文化史、また個人的軌跡と関係空間とを連結させ、今日利用可能になった素材を活用できる時代が訪れたのです。

1　内容豊富ですぐれた研究史概観として、シャルル・ポルセによる以下の文献を参照されるのが有益です。Charles Porset, «La Franc-maçonnerie française au dix-huitième siècle. État de la recherche. Position des questions (1970–1992)», in: José Antonio Ferrer Benimeli (coord.), *La Masonería Española entre Europa y America*, II, *VI Symposium Internacional de Historia de la Masonería Española, Zaragoza 1–3 de julio 1993*. Zaragoza: Gobierno de Aragon, Departemento de Educacion y Cultura, 1995, pp. 903–995; Charles Porset, *Hiram Sans-Culotte ? Franc-maçonnerie, Lumières et Révolution. Trente ans d'études et de recherches*. Paris: Honoré Champion, 1998, *Les dix-huitièmes siècles*, n° 24, 442p.

2　諸外国の同僚たちも、同じくこの幻想の犠牲者であることは、カナリア諸島のラ・ラグナ大学で二〇〇二年に開催されたセミナーの場で確認されました。*Masonería, Liberalismo y modernidad*, à l'Université de La Laguna, Canaries, les 9–13 avril 2002.

3　この傾向は、大多数の博士論文の指導教授だったダニエル・リグー（ディジョン大学）とジャック・ヴァレット（ポワティエ大学）が引退して以後、ますます強まりました。現在では、十八世紀に関する博士論文がメス、モンプリエ、ペルピニャン大学で、十九世紀に関する博士論文がリル大学で準備中です。

4　ごく最近発見された文書の一例として、一七五〇～五一年にアヴィニョンの会所と文通のあった会所一覧表が二点発見されました。Jean-Marie Mercier et Thierry Zarcone, «Un témoignage inédit sur les premiers francs-maçons de Provence, du Languedoc et de Guyenne (1750–1751)». *Renaissance traditionnelle*, n° 127–128, juillet–octobre 2001, pp. 261–277.

5　フランス大東方会のフリーメイソン研究所は、その刊行雑誌『メイソン史年報』を学生たちの投稿にも開放しています。

6　Michel Taillefer, *La Franc-maçonnerie toulousaine sous l'Ancien Régime et la Révolution 1741–1799*. *Commission d'histoire de la Révolution française, Mémoires et documents XLI*. Paris: Comité des travaux historiques et scientifiques, 1984, 312p.

7　Éric Saunier, *Révolution et sociabilité en Normandie au tournant des XVIIIe & XIXe siècles. 6000 francs-maçons de 1740 à 1830*. Rouen: Publications des Universités de Rouen et du Havre, n° 250, 1998, 555p.

8　Johel Coutura, *La Franc-maçonnerie à Bordeaux (XVIIIe–XIXe siècles)*. Marseille: Éditions Jeanne Laffitte, 1978, 279p.; id., *Les Francs-maçons de Bordeaux au 18e siècle*. Bordeaux: Éditions du Glorit, 1988, 220p.; id., «Le Musée de Bordeaux». *Dix-huitième siècle*, n° 19, 1987, *La Franc-maçonnerie*, pp. 149–164.

9　Alice Joly, *Un mystique lyonnais. Jean-Baptiste Willermoz et les secrets de la Franc-maçonnerie à Lyon (1730–1824)*. Mâcon, 1938, nouvelle éd., Paris: Déméter, 1986, 329p.

10　イレーヌ・ディエトは、それでも有望な論文を公表していました。Irène Diet, «Pour une compréhension élargie de la sociabilité maçonnique à Paris à la fin du XVIIIe siècle». *Annales Historiques de la Révolution Française*, 1991, n° 1, pp. 31–47.

11　わたくし自身は、『近現代史雑誌』（*Revue d'histoire moderne et contemporaine*, 一九九七年）でも『史学雑誌』（*Revue historique*, 一九九六年と一九九九年）でも『綜合雑誌』（*Revue de synthèse*, 二〇〇二年）でも、投稿を拒否された経験はありません。

12　リュイス・P・マルタンは、フリーメイソンの政治文化をめぐる共同研究プロジェクトを実現するために、この解決法に頼らざるをえませんでした。その成果は、最終的につぎの書物にまとめられました。Luis P. Martin (dir.), *Les francs-maçons dans la cité. Les cultures politiques de la Franc-maçonnerie en Europe XIXe-XXe siècle*. Rennes: Presses universitaires de Rennes, *Histoire*, 2000, 205p.

13 *Dix-huitième siècle*, n° 19: *La Franc-maçonnerie*, 1987, 551p.

14 こうしてシャルル・ポルセは、モスクワに保管されていた大東方会文書の所在を最初に突きとめ、その返還に貢献したのです。

15 Antoine Faivre, *Accès de l'ésotérisme occidental*. Paris: Gallimard, Bibliothèque des sciences humaines, 1986; nouvelle éd., 2 vols., 1996, 371p. et 437p.; Richard Caron, Joscelyn Godwin, Wouter J. Hanegraaff, Jean-Louis Vieillard-Baron (éd.), *Ésotérisme, Gnoses & Imaginaire Symbolique: Mélanges offerts à Antoine Faivre*. Leuven: Peeters, 2001.

16 一例として、そこで二〇〇一〜〇二年に開催された連続講演会の題目をあげておきます。«Théosophies, hermétisme, gnoses (fin XVe–XXe siècles): approches méthodologiques et débats contemporains depuis 1965 environ» (Antoine Faivre); «La notion d'âme, ou de médiation entre corps et esprit, dans les courants ésotériques occidentaux modernes» (Antoine Faivre); «Les cosmologies dans la littérature alchimique de la fin de la Renaissance (1595–1623)» (Radu Dragan); «La notion de magie dans le courant occultiste anglo-saxon (1875–1914): approches historiques et méthodologiques» (Marco Pasi).

17 オランダ語使用の「ブリュッセル自由大学」(*Vrije Universiteit Brussel*)にも、同自由大学創立推進者、自由主義党の創立者、ベルギー大東方会の会長だった人物の名前をつけた「ピエール＝テオドル・ヴェラゲン講座」があり、今日ではそれを全ヨーロッパに向けて開放し、学問的正統性を獲得することを希求しています。

18 José Antonio Ferrer Benimeli, *Les archives secrètes du Vatican et de la Franc-maçonnerie. Histoire d'une condamnation pontificale.* Paris: Dervy-Livres, 1989, 908p.; 2e édition mise à jour, 2002.

19 José Antonio Ferrer Benimeli (éd.), *La Masonería española en el 2000. Una revisión histórica, IX Symposium Internacional de Historia de la Masonería española, Segovia, del 18 al 22 de octubre 2000.* Centro de estudios historicos de Masonería española, Zaragoza/Gobierno de Aragon, Departemento de cultura y turismo, coll. *Actas,* 56, 2 vols., 2002, 1059p.

20 ラ・ラグナ大学で二〇〇二年に開催されたセミナー（前述、註**2**）「フリーメイソン団、自由主義、近代性」は、これらのテーマに関するヨーロッパ規模の研究者集団の発足に先鞭をつけました。

21 オーストリアに関しては、つぎの書物も引用しておかねばなりません。Elisabeth Rosenstrausch-Königsberg, *Freimaurerei im Josephinischen Wien. Aloys Blumauers Weg vom Jesuiten zum Jakobiner.* Wien: Wilhelm Braumüller, 1975. 同じ著者には、フリードリヒ・ミュンターに関する興味深い書物もあります。Id., *Freimaurer, Illuminat, Weltbürger. Friedrich Münters Reisen und Briefs in ihren europäischen Bezügen. Brief und Briewechsel im 18. und 19. Jahrhundert als Quellen den Kulturbeziehungsforschung,* Bd. 2. Essen: Reimar Hobbing Verlag, 1987, 186p.

22 Renate Endler und Elisabeth Schwarze, *Die Freimaurerbestände im Geheimen Staatsarchiv Preußischer Kulturbesitz,* 1: *Großlogen und Protektor Freimaurerische Stiftungen und Vereinigungen.* 2: *Tochterlogen.* Frankfurt am Main/Bern/New York: Peter Lang, *Schriftenreihe der Internationalen Forschungsstelle «Demokratische Bewegungen in Mitteleuropa 1770–1850»,* Bd. 13, 1994, 425p.; Bd. 18, 1996, 306p.

23 Helmut Reinalter (dir.), *Der Illuminatenorden (1776–1785/87). Ein politischer Geheimbund der Aufklärungszeit.* Frankfurt am Main/Bern/New York: Peter Lang, *Schriftenreihe der Internationalen Forschungsstelle «Demokratische Bewegungen in Mitteleuropa 1770–1850»*, Bd. 24, 1997, 418p.

24 William Preston, *Illustrations of Masonry.* Critical edition on CD-Rom by Andrew Prescott. Academy Electronic Publications, 2002.

25 David Stevenson, *The origins of Freemasonry. Scotland's century, 1590–1710.* Cambridge U.K.: Cambridge University Press, 1990, 286p.; id., *Les premiers francs-maçons. Les loges écossaises originelles et les membres.* Montmorency: Éditions Ivoire-Clair, *Les architectes de la connaissance*, 2000, 254p. (traduction française de: id., *The first Freemasons. Scotland early lodges and their members.* Aberdeen: Aberdeen University Press, 1988).

26 この問題については、Pierre-Yves Beaurepaire, *La République universelle des francs-maçons de Newton à Metternich.* Rennes: Éditions Ouest-France, *De mémoire d'homme: l'histoire*, 1999, pp. 42–52.

27 ダニエル・リグーの著作リストは、一九九八年に出版された彼への献呈論文集に見出されます。*Studia Latomorum & Historica. Mélanges offerts à Daniel Ligou, colligés par Charles Porset.* Paris: Honoré Champion, collection *Varia*, 1998, pp. 15–26.

28 Gérard Gayot, *Les francs-maçons à l'orient de Charleville (1744–1815).* Lille: Faculté des Lettres, Diplôme d'Études supérieures, 1965, XXVI+352p. 同じ著者は、ほかに以下の諸論文を公表しています。Id., «Les problèmes de la double appartenance: protestants et francs-maçons à Sedan au XVIIIe siècle». *Revue d'histoire moderne et contemporaine*, t. XVIII, juillet–septembre 1971, pp. 415–429; id., «Du Pouvoir et des

Lumières dans la fraternité maçonnique au XVIIIᵉ siècle», in: Michel Glatigny et Jacques Guilhaumou (éd.), *Peuple et Pouvoir. Essais de lexicologie*. Lille: Presses universitaires de Lille, 1981, pp. 87–116.

29 Gérard Gayot, *La Franc-maçonnerie française, textes et pratiques (XVIIIᵉ–XIXᵉ siècles)*. Paris: Gallimard, 1980; nouvelle éd., *folio histoire*, 1991, 251p.

30 Gérard Gayot, «War die französische Freimaurerei des 18. Jahrhunderts eine Schule der Gleichheit ?», in: Hans Erich Bödeker, Etienne François (éd.), *Aufklärung/Lumières und Politik. Zur politischen Kultur der deutschen und französischen Aufklärung*. Leipzig: Leipziger Universitätsverlag, *Deutsch-Französische Kulturbibliothek*, Vol. 5, *Transfer*, 1996, pp. 235–248.

31 Gérard Gayot, *Les draps de Sedan. 1646–1870*. Paris: Éditions de l'EHESS, 1998, 579p.; id, «La main invisible qui guidait les marchands aux foires de Leipzig: enquête sur un haut lieu de la réalisation des bénéfices, 1750–1830». *Les territoires de l'économie, XVᵉ–XIXᵉ siècles*, numéro double de la *Revue d'histoire moderne et contemporaine* présenté par Philippe Minard, 48-2/3, avril–septembre 2001, pp. 72–103.

32 二人それぞれの主張は、以下の書物に的確に紹介されています。Fred E. Schrader, *Augustin Cochin et la République française*, traduction française par Marie-Claude Auger. Paris: Le Seuil, *L'Univers historique*, Paris, 1992, chapitre VII «Sociétés de pensée: de l'actualité d'une problématique», pp. 177–211.

33 わたくし自身の批判的見解は、以下の書物に呈示してあります。Pierre-Yves Beaurepaire, *Les Francs-Maçons à l'orient de Clermont-Ferrand au XVIIIᵉ siècle*. Clermont-Ferrand: Université Blaise-Pascal, Institut d'Études du Massif Central, 1991, volume XLI, 365p.; id., *Nobles jeux de l'arc et loges maçonniques dans la France des Lumières. Enquête sur une sociabilité en mutation*. Montmorency: Éditions Ivoire-Clair, *Les ar-*

chitectes de la connaissance, 2002, 245p.

34 Ran Halévi, *Les loges maçonniques dans la France d'Ancien Régime. Aux origines de la sociabilité démocratique.* Paris: Armand Colin, *Cahier des Annales*, n° 40, 1984, 118p.

35 ここで想起されるのは、もちろんヨハネス・ロガラ・フォン・ビーバーシュタインの名著です。Johannes Rogalla von Bieberstein, *Die These von der Verschwörung 1776–1945, Philosophen, Freimaurer, Juden, Liberale, und Sozialisten als Verschwörer gegen die Sozialordnung.* Bern/Frankfurt am Main: Herbert Lang/Peter Lang, 1976, 292p.

36 Préface à René Le Forestier, *La Franc-maçonnerie templière et occultiste aux XVIIIe et XIXe siècles.* Paris/Louvain: Aubier-Montaigne/Éditions Nauwelaerts, 1970, p. 16.

37 http://www.cellf.org/equipes/idees/index_francmacon.htm.

38 「メイソン史上の主要大会」(一九九五年)、「十八世紀高位階の歴史と史料」(一九九七年)、「作業メイソン制から思弁メイソン制へ――連続と断絶」(一九九九年)など。

39 David Stevenson, *op. cit.*

40 モリス・アギュロンは『悔悛苦行兄弟団員とフリーメイソン』第三版への序文のなかで、彼がこの学位副論文を執筆したときには、社交性に関するジンメルの作品があることを知らなかったと明記していますが、ジンメルにはほかに秘密に関する研究もあります。アギュロンの学位副論文の初版は一九六六年でした。Maurice Agulhon, *Pénitents et francs-maçons de l'ancienne Provence. Essai sur la sociabilité méridionale.* 3e édition, Paris: Fayard, 1984, p. XII.

41 これに関してはドミニク・プロによる内容豊かな綜合を参照。Dominique Poulot, *Les Lumières.* Paris:

P. U. F., *Premier Cycle,* 2000, pp. 195–207.

42 Agulhon, *Pénitents et francs-maçons (op. cit.)*. 初版はエクス＝アン＝プロヴァンスの「大学思想叢書」から、一九六六年に出ました。

43 Maurice Agulhon, *Le cercle dans la France bourgeoise, 1810–1848. Étude d'une mutation de sociabilité.* Paris: Armand Colin, *Cahier des Annales,* n° 36, 1977, 105p.

44 Daniel Roche, *Le siècle des Lumières en province. Académies et académiciens provinciaux, 1680–1789.* Paris/La Haye: Mouton, 1973; 2e édition, 2 vols., Éditions de l'EHESS, 1984, 394p. et 520p.

45 Jürgen Habermas, *L'espace public. Archéologie de la publicité comme dimension constitutive de la société bourgeoise,* avec une préface inédite de l'auteur à la 17e édition allemande. Paris: Payot, *Critique de la politique,* 1993, 324p. (traduction française de *Strukturwandel der Öffentlichkeit,* 1962, par Marc B. de Launay).

46 このことは、とくにモリス・アギュロンについてあてはまります。

47 網羅しようとは考えずに、いくつか例をあげましょう。Guy Chaussinand-Nogaret, *Les financiers de Languedoc au XVIIIe siècle.* EPHE VIe section, Centre de recherches historiques, *Affaires et gens d'affaires XXXV.* Paris: SEVPEN, 1970, pp. 281–304; Monique Cubells, *La Provence des Lumières. Les parlementaires d'Aix au XVIIIe siècle.* Paris: Maloine, 1984, pp. 351–355; id., «Franc-maçonnerie et société: le recrutement des loges à Aix-en-Provence dans la deuxième moitié du XVIIIe siècle». *Revue d'histoire moderne et contemporaine,* 1986, n° 3, pp. 463–484. モリス・グレセは、博士論文『ブザンソンの司法界』(*Le monde judiciaire à Besançon*) で豊富な史料を収集し、それを内容豊かな論文にまとめました。Maurice Gresset, «Le recrutement social des loges bisontines et son évolution dans la seconde moitié du XVIIIe siècle», in: *Stu-*

dia Latomorum & Historica (op. cit.), pp. 139–153. もっと最近では、René Favier, *Les villes du Dauphiné aux XVII*^{e} *et XVIII*^{e} *siècles. La pierre et l'écrit.* Grenoble: Presses universitaires de Grenoble, 1993, pp. 459–461; François-Joseph Ruggiu, *Les élites et les villes moyennes en France et en Angleterre (XVII*^{e}*–XVIII*^{e} *siècle)*. Paris: L'Harmattan, 1997, 356p.; Michel Figeac, *Destins de la noblesse bordelaise (1770－1830)*. Bordeaux: Fédération historique du Sud-Ouest, 1996, tome I, pp. 254–291.

48 Paul Leuilliot, «La Franc-maçonnerie, fait social». *Annales, Économies, Sociétés, Civilisations,* avril–juin 1953, pp. 240–259.

49 その一例は、二〇〇一年にメディアをにぎわせた「ジャーナリスティック」な書物の著者たちの言説です。Ghislaine Ottenheimer et Renaud Lecadre, *Les Frères invisibles.* Paris: Albin Michel, 360p. そのなかにあるつぎの一節は、二〇〇一年五月十四日付の『ル・モンド』に引用されました。「フリーメイソン団はそれ自体がネットワークというよりも、私的インターネットに類似した織物組織のようなもので、メイソンたちは好機をとらえて秘密裏にナヴィゲートし、相互に身を守るのである」。

50 とりわけ二〇〇一年には、ルネ・ル・フォレスティエの博士論文「一九一五年版の忠実な再版」が出されました。René Le Forestier, *Les Illuminés de Bavière et la Franc-maçonnerie allemande.* Milano: Archè, 2001, 729p.

51 例外として、「九詩神会所」に関するルイ・アミアブルの著作の再版は、シャルル・ポルセによる学問的・学術的な改訂がほどこされています。これは重要な著作であるとはいえ、すでに一世紀もまえの作品なのです。Louis Amiable, *Une loge maçonnique d'avant 1789. La loge des Neuf Sœurs* [Paris: Alcan, 1897], *augmenté d'un commentaire et de notes critiques de Charles Porset.* 2 tomes, Paris: EDIMAF, 1989,

XIV + 399p. et 239p.

52 Pierre Chevallier, *Les ducs sous l'Acacia ou les premiers pas de la Franc-Maçonnerie française 1725–1743.* Paris: Librairie philosophique Vrin, 1964, 230p. この書物は三〇年後につぎの著作を加えて再版されました。Id., *Nouvelles recherches sur les francs-maçons parisiens et lorrains 1709–1785. Les idées religieuses de Davy de La Fautrière,* présentation et postface par Pierre Chevallier. Paris/Genève: Champion/Slatkine, 1995, 336p. ほかの著書として、Id., *La première profanation du temple maçonnique ou Louis XV et la fraternité 1737–1755.* Paris: Librairie philosophique Vrin, 1968, 207p. シュヴァリエによる通史は、ピエール・ガクソットの依頼で執筆され、ファヤール社から一九七四年に三巻本で刊行されましたが、やはりそのまま再版されています。Id., *Histoire de la Franc-maçonnerie française.* 3 tomes, Paris: Fayard, 1974.

53 というのも、モリス・アギュロンの『ブルジョワ的フランスの社交サークル』は先駆的研究でしたが、十九世紀前半のフリーメイソン社会文化史研究への影響は、十八世紀に関する『悔悛苦行兄弟団員とフリーメイソン』ほどには大きくなかったからです。

54 André Combes, *Histoire de la Franc-maçonnerie au XIXe siècle.* 2 tomes, Monaco: Éditions du Rocher, 1998–2000, 453p. et 429p.

55 この点でも、リヒャルト・ファン・デュルメンなどのドイツ人研究者による基礎調査はまるで異なります。Richard Van Dülmen, *Die Gesellschaft der Aufklärer. Zur bürgerlichen Emanzipation und aufklärerischen Kultur in Deutschland.* Frankfurt am Main, 1986; Manfred Agethen, *Geheimbund und Utopie. Illuminaten, Freimaurer und deutsche Spätaufklärung,* München, 1984. ほかにオットー・ダンやルドルフ・フィーアハウスの研究も同様です。

56 とくにエルネスト・ラブルスの理論モデルではそうです。

57 とくに以下のものを引用しておきます。Juan Luis Castellano et Jean-Pierre Dedieu (dir.), *Réseaux, familles et pouvoirs dans le monde ibérique à la fin de l'Ancien Régime*. Paris: CNRS Éditions, *Amériques-Pays ibériques*, 1998, 267p.; Maurizio Gribaudi (dir.), *Espaces, temporalités, stratifications. Exercices sur les réseaux sociaux*. Paris: Éditions de l'EHESS, *Recherches d'histoire et de sciences sociales*, 1998, 346p.; Michel Bonnet et Dominique Desjeux (dir.), *Les territoires de la mobilité*. Paris: P. U. F., *Sciences sociales et sociétés*, 2000, 224p.

58 Jacques Revel, *L'Histoire au ras du sol*, préface à Giovanni Levi, *Le pouvoir au village. Histoire d'un exorciste dans le Piémont du XVIIe siècle*. Paris: Gallimard, *Bibliothèque des Histoires*, 1989, p. XII.

59 「交渉という言葉は、唐突に聞こえるかもしれないが、われわれの課題にとり決定的な意味をもつ。それは当然にも、制度それ自体が有効性をもつという幻想を放棄すると同時に、力関係だけが実践を規定し、制度はそれを隠す偽装にすぎないとみなす幻想をも放棄するよう提案する。規範の周囲に成立する交渉が意味をなすのは、これらの規範が固有の現実をもち、この現実は揺るぎなく自律的でありながら、しかも社会関係内部における規範の適用と不可分だからである」。Jacques Revel, «L'institution et le social», in: Bernard Lepetit (éd.), *Les formes de l'expérience. Une autre histoire sociale*. Paris: Albin Michel, *L'Évolution de l'humanité*, p. 84.

60 Communication sur «Machines, stratégies, conduites, ce qu'entendent les historiens», citée par Isabelle Laboulais-Lesage, *Lectures et pratiques de l'espace. L'Itinéraire de Coquebert de Montbret, savant et grand commis d'État (1755–1831)*. Paris: Honoré Champion, *Les dix-huitièmes siècles*, no. 31, 1999, p. 31.

61 Madeleine Grawitz, «Un domaine à vocation pluridisciplinaire: les documents personnels. Biographies, autobiographies et récits de vie», in: *Droit, institutions et systèmes politiques. Mélanges en l'honneur de Maurice Duverger.* Paris: P. U. F., 1987, pp. 315–341.

62 Madeleine Foisil, «L'écriture du for privé», in: Philippe Ariès et Georges Duby (dir.), *Histoire de la vie privée,* tome III, *De la Renaissance aux Lumières.* Paris: Le Seuil, 1986, pp. 331–369.

63 Rudolf Dekker, «Les egodocuments aux Pays-Bas du XVIe au XVIIIe siècle». *Bulletin du Bibliophile,* 1995.

64 Pierre-Yves Beaurepaire et Dominique Taurisson (éd.), *Les Ego-documents à l'heure de l'électronique. Nouvelles approches des espaces et des réseaux relationnels.* Actes du colloque international de Montpellier, 23–25 octobre 2002, avant-propos de Lucien Bély. Montpellier: Publications universitaires de Montpellier 3, 2003, 555p. (édition intégrale en ligne: http://www.egodoc.revues.org/)

65 Pierre-Yves Beaurepaire, *La République universelle des francs-maçons (op. cit.),* pp. 114–115.

66 Pierre-Yves Beaurepaire, *L'Autre et le Frère. L'Étranger et la Franc-maçonnerie en France au XVIIIe siècle.* Paris: Honoré Champion, *Les dix-huitièmes siècles,* no. 23, 1998, pp. 477–489.

67 *Ibid.,* pp. 493–535.

68 *Ibid.,* pp. 47–61.

69 クロード・ミショも、その先駆的論文のなかで、ヤノス・フェケテ伯の書簡のもたらす豊富な情報を呈示しました。Claude Michaud, «Lumières, Franc-maçonnerie et politique dans les États des Habsbourg. Les correspondants du comte Fekete». *Dix-huitième siècle,* n° 12, 1980, pp. 327–379.

深沢克己 訳

フリーメイソン基本用語解説

フリーメイソン団に関する網羅的な用語集を作成するには、一巻の書物が必要になる。ここではボルペール氏の講演本文に出てきた用語にかぎって、基本的な説明を加えるにとどめる。また見出し語にそえる原語はフランス語表記を原則とし、特殊イギリスにかかわる用語のみ英語表記とする。

位階(Grades)　フリーメイソンは段階的な秘儀伝授により位階を上昇し、より高い精神の光明に到達する。徒弟・職人・親方から構成される初級三位階は「青の位階」または「象徴位階」、イギリスではたんに「職能」(Craft)と呼ばれ、中世石工団体の象徴を継承しつつ組織されており、すべてのフリーメイソン団に共通である。しかし一七四〇年代以降、この象徴位階の上部に新位階がつぎつぎに創出され、団体の階層構造を複雑化すると同時に、その思想的性格を大きく変質させる。これらの新位階を総称して「赤の位階」または「高位階」と呼ぶ。──→高位階

イングランド合同大会所(United Grand Lodge of England)　一七一七年に成立したロンドン大会所は、王立協会会員や貴族・ジェントルマンを主体とする首都エリート層の社交組織として発展した。ところで四〇年代のロンドンにはアイルランド系移民が増加し、手工業や小売商を営んだが、彼

らの一部は祖国で加入儀礼を受けたメイソンであり、ロンドンでも友愛団に加入しようと欲した。しかしロンドン大会所傘下の諸会所は彼らを排除する方針をとったので、これに反発した移民たちは五一年にソーホー地区で独自の大会所を創立し、みずから古来の伝統を守る「古式派」(Antients)を名のり、従来のロンドン大会所を「新式派」(Moderns)と呼んで批判した。こうして両派間の対立は、プロテスタントのイングランド人エリート層と、カトリック信徒のアイルランド人民衆層との対立の色彩をおびた。その後古式派の主体はイングランド人へと移行するが、やはり手工業者や小売商などの中下層民が多かったといわれる。両派の対抗関係は半世紀にわたり続いたが、ようやく一八〇九年から合同への動きが本格化し、一三年十二月二十七日にイングランド合同大会所を結成、大会所長としてサセックス公(国王ジョージ三世の息子)を選出した。こうして合同大会所はイングランド唯一の統轄団体となり、一九三一年には植民地も含めて総計五二二八会所、二〇〇七年には八四一〇会所を傘下においている。──→統轄制、ロンドン大会所

宇宙の偉大なる建築師(Grand Architecte de l'Univers)　天地創造主としての神を建築師にたとえる表現は、すでにルネサンス期の(新プラトン主義的な)建築学書や天文学書にあらわれるが、十八世紀のフリーメイソンがそれを採用した背景には、当時イギリスの理神論の影響下に、神は宇宙の混沌を幾何学の法則により整序した第一原理であると考える思想がある。しかし「宇宙の偉大なる建築師」をそのような非人格的原理と考えるか、それとも啓示宗教的な人格神と考えるかは、そ

れぞれの時代と流派により変化する。イギリスでは一七二三年の『アンダーソン憲章』が理神論的宗教観を暗示したのち、「新式派」と「古式派」の対立をへて一八一三年にイングランド合同大会所が成立すると、古式派の思想的影響下に、メイソンの道徳的義務として人格神への信仰が要求され、この傾向は一九二九年の『陸標』(*Landmarks*)により確立される。これと反対にフランス大東方会は、一八七七年に神と霊魂不滅への信仰に関するメイソンの義務を廃止し、「偉大なる建築師」への言及も自由とされた。──→イングランド合同大会所、フランス大東方会

円柱(Colonnes)　ソロモン神殿の前廊に立てられた二本の柱、ヤキンとボアズの円柱は、フリーメイソンの象徴体系において中心的位置を占める。会所はソロモン神殿を象徴するので、その入口には二本の円柱を配置する。これらの円柱の背後には、会員の座席が向かいあうかたちで二列に並べられるので、これらの座席列を指して円柱と呼び、さらに会所における集会そのものを円柱の語で象徴的に表現することもある。──→会所、会堂

王の技法(Art Royal)　最高の知識・技術とみなされる幾何学と建築術を指す言葉で、すでに一七二三年の『アンダーソン憲章』に用例がある。「作業メイソン」に由来するこの観念は「思弁メイソン」にそのまま受容され、「王の技法」は幾何学や建築学を含むフリーメイソンの知的・精神的修行、さらにメイソン活動一般を指す言葉になる。──→幾何学、思弁的フリーメイソン制

会所(Loge)　英語のLodgeに由来する名称。もとは建築現場に建てる仮設小屋で、石工の休憩所

や工具収納室にもちいられ、のち同じ建築現場で働く石工集団を指す用語に転化したといわれる。同じくフリーメイソン用語としての会所は、集会の開かれる場所を意味するだけでなく、その集会に参加するメイソンの集団、すなわち会合の場所と規則とを共有する会員組織をも意味するようになる。それぞれの会所は「友情会所」「純真会所」「七詩神会所」などの固有名をもつが、それらは会所の建物よりも、むしろ会員団体を意味する。この意味での会所は、メイソン活動の基礎単位であり、歴史的には統轄団体の出現に先行するので、これを「支部」と訳すのはあまり適切でない。集会の場所は、初期には居酒屋の個室が利用されたが、やがて専用の建物や集会室もつくられる。ただし軍隊内に組織される軍人会所のように、つねに移動する社会集団の会所は、固定した会合場所をもたない。会所は石工の作業場になぞらえて「工房」(Atelier)とも、またソロモン神殿の象徴として「会堂」(Temple)とも呼ばれるが、これらの呼称はふつう具体的な場所や建物を指し、集団や組織の意味にはもちいられない。──→会堂、統轄制

会堂(Temple)　会所と同義。ソロモン神殿に由来する呼称。象徴位階の集会室は、教会と同じく東西方向に配置され、西側に入口、東側に会所長席、北側に徒弟席、南側に職人席がおかれ、徒弟席の入口側にヤキン、職人席の入口側にボアズの円柱が立てられる。比較的規模の大きな会所では、このほかに高位階用の集会室、および宴会室がある。──→会所、円柱

幾何学(Géométrie)　直角定規・コンパス・水準器など、フリーメイソンの象徴にもちいられる石

工の道具は、幾何学と建築術との密接不可分な関係を表示する。メイソンにとって建築術は幾何学の高度な応用であり、自由学芸の第五に位置する幾何学こそは、森羅万象を理解し整序する普遍的学問である。それは自然界を支配する法則であるだけでなく、人間の精神と道徳を律する規則でもあり、またこの法則により天地を創造した神、すなわち「宇宙の偉大なる建築師」を探究する方法でもある。こうしてヘルメス学と錬金術の説くマクロコスモス（大宇宙）とミクロコスモス（小宇宙）の連関性または同一性は、普遍的幾何学により解釈されることになる。──→宇宙の偉大なる建築師、王の技法

矯正スコットランド儀礼（Rite Écossais Rectifié）──→テンプル騎士厳守会

兄弟（Frère）　フリーメイソン同士の呼称、そこから発展してフリーメイソンの別称にもなる。たとえば「兄弟モーツァルト」といえば、フリーメイソンとしてのモーツァルトを意味する。語源は中世英語の Brother であり、象徴位階のフリーメイソン団ではこの呼称が一般化し、自由・平等・友愛の精神を象徴する表現として愛好された。ただし高位階ではこれをもちいず、「騎士」（Chevalier）などの呼称を採用する例が多い。──→位階、高位階

教理問答（Catéchisme）　キリスト教会の教理問答書の形式にならい、フリーメイソンの象徴や思想や暗号を問答形式で説明した文書。知られている最古の事例は、十七世紀末スコットランドで作業メイソン用に作成された文書であるが、思弁メイソン用に初級三位階を解説した最初の教理問

答書は、サミュエル・プリチャード『フリーメイソン解剖』(*Masonry Dissected*, 一七三〇年)に収録されている。 ⟶思弁的フリーメイソン制

原石(Pierre brute)　フリーメイソンは石工の作業労働を象徴的に継承するので、その精神的修行を原石の加工になぞらえる。原石は不完全なメイソンの状態を表現し、それを切りととのえ、みがく作業を通じて完全なメイソンに到達しようと努力する。この自己鍛錬を象徴するために、会所長席の左右には原石と加工石(上端部をピラミッド形にとがらせた立方体形)とを配置する。 ⟶思弁的フリーメイソン制

高位階(Hauts grades)　象徴位階の上部に位置する位階の総称、「スコットランド儀礼」とほぼ同義。錬金術・カバラー・薔薇十字思想・十字軍伝説・テンプル騎士伝説・古代エジプト神話など、多様な思想的・象徴的背景をもち、秘教的色彩が濃厚である。象徴位階と高位階をあわせた位階総数は流派により異なり、フランス儀礼では七、古式受容スコットランド儀礼では三三、ミスライム(エジプト)儀礼では九〇にも達する。十八世紀の高位階は、ヒラム伝説を発展させた「復讐位階」と、騎士伝説に結びついた「騎士位階」とに大別される。 ⟶位階、ヒラム伝説

採養会所(Loge d'adoption)　中世から近世にいたるヨーロッパ諸国の職能組合には、石工団体も含めて女性労働者が加入していたが、イングランド・スコットランドの友愛結社や社交クラブは一般に男性のみで組織されたので、フリーメイソン団もこの伝統にしたがい排他的な男性団体とし

て結成され、イングランド合同大会所は現在でもこの原則を保持している。しかし十八世紀の大陸諸国、とくにフランスの上流社交界では女性が重要な役割を演じていたので、女性の排除がただちに問題化した。それを解決する方法として、一七四〇年代以降「採養」会所が創設され、男性「正規」メイソンの主宰・監督下に女性の集会を組織する制度が導入される。パリの「純真会所」などに代表される採養会所は貴族的色彩が濃厚であり、慈善活動のほかは宴会・音楽会・舞踏会・演劇などの娯楽を活動の主体とした。代表的な女性メイソンには、オルレアン公フィリップの妹であるブルボン公夫人や、マリ＝アントワネットの側近として知られるランバル公夫人が含まれる。同様の採養会所制は、オランダ、ドイツ、オーストリア、イタリア、ポーランド、ロシアなどの大陸諸国に広まった。 ⟶正規性

思弁的フリーメイソン制(Franc-maçonnerie spéculative)　フリーメイソン団、とくにイングランド合同大会所の正史的解釈にしたがえば、秘密友愛団の起源は中世の石工団体にあり、教会建設などに従事した石工の会合組織に、地方名士や知識人などの部外者が参加することにより団体の性質が変化した。すなわち職能的な「作業メイソン」(operative masons)に対して、非職能的な「思弁メイソン」(speculative masons)の割合が徐々に増加した結果、建築作業は象徴的な意味に転化し、道徳的・哲学的な思弁的フリーメイソン制が成立したのである。以上の「移行理論」を歴史的に実証することはかなり困難であるが、現在でも多くのメイソンはこの解釈を受け入れている。

――→イングランド合同大会所

正規性（Régularité）　自称フリーメイソンの集団が無秩序に増殖するのを防止するために、統轄団体の定めた規則と手続きにしたがって公認された団体または個人の正統性。しかしフリーメイソン団の場合、公認の権威は一元化されなかったので、正規性の基準は曖昧《あいまい》で多様にならざるをえない。イングランド合同大会所は、全世界の諸団体に対する「母会所」（Mother Lodge）の権威と公認権の独占を主張し、一九二九年の『陸標』で正規性の基準を定めたが、フランス大東方会をはじめとするラテン系統轄団体はそれを受け入れず、それぞれ独自の基準を定めている。それゆえ正規性はつねに主観的性格をおび、ある統轄団体からみて、それが公認した会所が「正規会所」（loge régulière）である。これに対していかなる統轄団体からも公認されていない会所は、「庶出会所」（loge bâtarde）または「野生会所」（loge sauvage）と呼ばれる。――→統轄制、イングランド合同大会所、フランス大東方会

俗人（Profane）　ラテン語のpro fanum「神殿の外部に」を語源とする。まだ秘儀を伝授されず、フリーメイソン団に加入していない人を指す。この俗人と秘儀伝受者initiésとのあいだには厳格な区別があり、俗人はすべての「金属」すなわち俗世間の利害や価値や名誉のすべてを捨て去ったのちに会所の敷居をまたぎ、加入儀礼を受けなければならない。秘儀伝受者たるメイソンは、友愛団に関するあらゆる秘密を俗人に明かしてはならず、自分がメイソンであることも俗人に口

外してはならない。→秘儀伝授

テンプル騎士厳守会（Stricte Observance Templière）　ザクセン貴族カルル・ゴットヘルフ・フォン・フント男爵の指導下に、一七五〇年代のドイツで成立したキリスト教的・騎士団的な改革メイソン制。その改革原理は、「ドレスデン改革」または「矯正スコットランド儀礼」と呼ばれ、イギリス・フランスの自由主義的メイソン制を批判し、テンプル騎士団伝説とジャコバイト伝説とを導入することにより、より権威主義的な階層秩序を創出すると同時に、錬金術や神智学などの秘教思想を浸透させた。その組織は急速に発展し、七〇年代にはフランスとイタリアからスウェーデンとロシアまで、ほぼヨーロッパ全域におよんだ。しかし同時に思想的な内部論争がたえず、フント男爵の死後はテンプル騎士団伝説はほとんど放棄され、八二年のヴィルヘルムスバート大会を契機に、主導権はジャン゠バティスト・ヴィレルモスの「リヨン改革」派に移行する。

統轄制、統轄団体（Obédience）　共通の中央機関をもつ会所の連合体、またはこの中央機関を指す。理念的・普遍的なフリーメイソンの世界共同体を意味する「フリーメイソン団」（Ordre maçonnique）に対して、統轄団体は歴史的・個別的な制度であるが、イギリスではイングランド合同大会所がこれら両者をみずから体現すると考えるので、両者間の区別はなされない。これに対して、現在フランスを代表する統轄団体はフランス大東方会であるが、人権会やフランス国民大会所など、ほかにも重要な統轄団体がいくつもあり、普遍的理念と歴史的現実との乖離《かいり》は明白である。統轄団体の機能は、原則として制度運営上の分野に限定され、根本思想にかかわる秘儀伝授や儀礼体系の内容に介入する権限はないといわれるが、新設会所の公認権や、会所内または会所間の紛争を調停する裁治権の執行を通じて、それぞれの会所や会員の「正規性」を判定する傾向はつねにみられる。それゆえ統轄団体の権威と、各会所の自由原則との関係はときに微妙であり、ある会所が統轄団体の運営に不満をいだく場合には、そこから離脱して別の統轄団体に合流する例も少なくないので、両者間の関係を「本部」と「支部」という固定的なイメージでとらえるのは、少なくとも歴史的には正確でない。──→会所、イングランド合同大会所、フランス大東方会、正規性

バイエルン光明会(Illuminaten, Illuminés de Bavière)　インゴルシュタット大学の教会法教授アーダム・ヴァイスハウプトにより一七七六年に創立された秘密結社。カトリック的迷妄を攻撃し、唯物論的合理主義と急進啓蒙主義の立場から政治・社会改革をめざす。八〇年代からフリーメイソン組織を利用してドイツ各地で勢力伸長をはかるが、創立者ヴァイスハウプトともうひとりの有力指導者アドルフ・フォン・クニッゲ男爵との個人的葛藤、キリスト教的・反啓蒙主義的なテンプル騎士厳守会や黄金薔薇十字団との対立、バイエルン選帝侯による八四年の解散命令により衰退する。しかしその後もヨハン・ヨアヒム・クリストフ・ボーデの熱心な活動によりフランスに移植され、光明会の「フランス革命陰謀説」に素材を提供することになる。──→テンプル騎士厳

守会

秘儀伝授(Initiation)　狭義には俗人界からメイソン界への移行儀礼、具体的には徒弟位階への加入儀礼を指す。十八世紀に確立された儀礼は、「省察の小部屋」での内省と「哲学的遺書」の作成、会所内で目隠しをされたままの「象徴的旅行」の試練、訓辞と誓約、秘密の合言葉および動作法の伝授からなる。しかし上級位階への昇位儀礼も、類似の儀礼化された試練と秘密の伝授から構成されるので、広義にはこれらの昇位儀礼も含めて秘儀伝授の階層構造を考えることができる。これらの加入儀礼・昇位儀礼は、メイソン集会における最重要の行事である。→俗人、位階

ヒラム伝説(Légende d'Hiram)　ヒラムは旧約聖書の列王記上・歴代誌下に記された「職人の頭」で、青銅工芸のほか万芸にすぐれ、ティルス王ヒラムによりソロモン王のもとに派遣されて神殿建設に従事し、ヤキンとボアズの青銅円柱などを製作したという。聖書に書いてあるのはそれだけだが、一七二〇年代後半のイングランド・メイソン界で成立した伝説によれば、ヒラムは三人の悪しき職人仲間により暗殺され、秘密裏に埋められた。異変に気づいたソロモン王の命令により探索に出かけた一五人の職人が、偶然にヒラムの埋められた場所を発見し、発掘した遺体を神殿内の至聖所にあらためて埋葬した。これら一五人の職人の貢献に報いるために、王は親方位階を創設して彼らに授与したという。このようにヒラム伝説は、それまで徒弟・職人位階しかなかったメイソン団の内部に、親方位階を創設するために構想され、多様な神話・伝説と秘教思想を導入

する契機となった。とくに古代東方に由来する死と再生の神話、および「失われた言葉」の秘教的探索は、その後のメイソン思想の展開に決定的な影響をおよぼした。──→位階、高位階

フランス大会所(Grande Loge de France)　一七二八年パリで結成されたフランス最初の統轄団体。ただし当初はパリ所在の少数の会所を統合したにすぎず、地方諸都市には影響がおよばなかった。初代のフィリップ・ウォートンから三七年に就任したダーウェントウォータ伯まで、大会所長はすべてイングランド人またはスコットランド人のジャコバイト貴族だったので、ハノーヴァ朝との友好関係を重視するフランス王国政府との関係は微妙だったが、三八年にフランス貴族のアンタン公、ついで四三年にブルボン家血統親王のクレルモン伯が大会所長に就任し、王国内での地位は安定する。しかしその後、上流貴族層とパリ中下層市民層との社会対立を背景とするフリーメイソン団の内部紛争が激化し、六七年には活動停止に追いこまれる。──→統轄制、フランス大東方会

フランス大東方会(Grand Orient de France)　一七七一年に大会所長クレルモン伯が死去すると、フランス王国内の統轄制を再建する動きが本格化し、フランス大会所の集会で血統親王シャルトル公(のちオルレアン公フィリップ、革命期のフィリップ平等公)が大会所長に、大貴族モンモランシ゠リュクサンブール公が理事長に選出される。とくに後者の実権のもとで組織改革がすすめられ、地方諸都市の会所代表を支持基盤としながら、パリ中小市民層を排除し、自由主義貴族の主導によ

る新統轄団体として、七三年四月七日にフランス大東方会が結成される。これがいわゆる「フリーメイソン制度革命」であり、大東方会は王国各地にすみやかに勢力を伸長させ、フランス革命前夜に六五〇以上を数えた会所の大多数を傘下におさめた。革命期の中断をへて、十九世紀にはカトリック教会との対立から反教権主義の傾向を強め、一八七七年の大会決議により無信仰を含む良心の完全な自由を宣言し、一九〇五年の政教分離法成立を推進した。現在でも大東方会はフランス最大の統轄団体であり、傘下の会所数は約一〇〇〇、会員数は四万三〇〇〇といわれるが、しかしこれはフランス国内のメイソン総数一二万人の約三分の一にすぎない。⟶統轄制、フランス大会所

ロンドン大会所(Grand Lodge of London)　最初のフリーメイソン統轄団体。一七一七年六月二十四日の聖ヨハネ祭祝日に、ロンドン市内の四会所が「鵞鳥《がちょう》と焼き網」(Goose and Gridiron)という名の居酒屋で合同集会を開き、大会所を創立した。集会に参加したのは質素な手工業者や小売商が主体で、当初の目的はたんなる相互扶助だったが、この新組織にまもなくロンドン王立協会の知識人や貴族・ジェントルマンが介入し、その主導権を掌握することにより性格を変化させ、道徳的・哲学的友愛団の中央組織とする。フランス出身の王立協会会員・国教会牧師のジャン＝テオフィル・デザギュリエや、富裕な上流貴族モンタギュ公は、初期の代表的な指導者である。ロンドン大会所への加盟会所数は首都を中心に徐々に増加し、上流階層と中下流階層の交流、エリー

トと民衆の和合による社会的平和の促進に一定の役割をはたしたが、移民勤労者を主体とする「古式派」の分裂を回避することはできなかった。――→統轄制、イングランド合同大会所

（Jens Häseler, Antony McKenna との共編著）

Le mythe de l'Europe française. Diplomatie, culture et sociabilités au temps des Lumières. Paris: Autrement, collection «Mémoires», 2007, 304p.

ピエール＝イヴ・ボルペール主要著作

Les Francs-Maçons à l'orient de Clermont-Ferrand au XVIIIe siècle. Clermont-Ferrand: Université Blaise-Pascal, Institut d'Études du Massif Central, 1991, volume XLI, 365p.

L'Autre et le Frère. L'Étranger et la Franc-maçonnerie en France au XVIIIe siècle. Paris: Honoré Champion, *Les dix-huitièmes siècles,* no. 23, 1998, 872p.

La Terre et les Paysans en France et en Grande-Bretagne XVIIe–XVIIIe siècles. Neuilly: Atlande, 1999, 351p.（Charles Giry-Deloison との共著）

La République Universelle des francs-maçons. De Newton à Metternich. Rennes: Éditions Ouest-France, *De mémoire d'homme: l'histoire,* 1999, 210p.

La Plume et le Compas au siècle de l'Encyclopédie. Franc-maçonnerie et culture de la France des Lumières à la France des notables. Paris: EDIMAF, 2000, 128p.

L'Europe des francs-maçons (XVIIIe–XXIe siècle). Paris: Belin, *Europe & Histoire,* 2002, 325p.

Nobles jeux de l'arc et loges maçonniques dans la France des Lumières. Enquête sur une sociabilité en mutation. Montmorency: Éditions Ivoire-clair, *Les architectes de la connaissance,* 2002, 245p.

La Plume et la Toile. Pouvoirs et réseaux de correspondance dans l'Europe des Lumières. Arras: Artois Presses Université, *Histoire,* 2002, 346p.

L'espace des francs-maçons. Une sociabilité européenne au XVIIIe siècle. Rennes: Presses universitaires de Rennes, *Histoire,* 2003, 231p.

Les ego-documents à l'heure de l'électronique. Nouvelles approches des espaces et des réseaux relationnels. Montpellier: Presses universitaires de Montpellier, 2003, 555p.（Dominique Taurisson との共編著）

L'Europe des Lumières. Paris: Presses universitaires de France, *Que sais-je ?* n° 3715, 2004, 128p.

Réseaux de correspondance à l'âge classique (XVIe–XVIIIe siècle). Saint-Étienne: Publications de l'université de Saint-Étienne, 2006, 382p.

ピエール＝イヴ・ボルペール(Pierre-Yves Beaurepaire)

1968年，ロワヤ(クレルモン＝フェラン近郊)生まれ
1990年，歴史学修士(クレルモン＝フェラン大学)
1994年，アルトワ大学歴史学講師
1997年，歴史学博士(アルトワ大学)，アルトワ大学・リモージュ大学近世史准教授
1998年，「ル・モンド」賞受賞，サン・フランシスコ大学客員教員
2001-02年，中高等教育資格試験審査委員，オルレアン大学近世史准教授
2002年，大学教授資格取得(パリ第四大学)
2003年，ニース大学教授(現在に至る)
2004-05年，テュニス大学客員教授
2006-07年，ニース大学近現代地中海センター所長
ブリュッセル自由大学哲学宗教学部国際講座教授
2007年，フランス大学研究院会員
フランス人文系放送大学学術評議会評議員
フランス高等教育研究評価機構准代表委員

深沢克己　ふかさわ かつみ(編訳者)
1949年生まれ。東京大学大学院人文社会系研究科教授
主要著書:『海港と文明――近世フランスの港町』(山川出版社 2002),『近代ヨーロッパの探究9　国際商業』(編著,ミネルヴァ書房 2002),『港町の世界史2　港町のトポグラフィ』(責任編集,青木書店 2006),『信仰と他者――寛容と不寛容のヨーロッパ宗教社会史』(共編著,東京大学出版会 2006),『商人と更紗――近世フランス=レヴァント貿易史研究』(東京大学出版会 2007)

YAMAKAWA LECTURES
5
「啓蒙《けいもう》の世紀《せいき》」のフリーメイソン
2009年3月30日　第1版1刷　印刷
2009年4月10日　第1版1刷　発行
著者　ピエール=イヴ・ボルペール
編者　深沢克己《ふかさわかつみ》
発行者　野澤伸平
発行所　株式会社山川出版社
〒101-0047 東京都千代田区内神田1-13-13
電話03(3293)8131(営業)8134(編集)
http://www.yamakawa.co.jp
振替00120-9-43993
印刷所　明和印刷株式会社
製本所　株式会社手塚製本所
装幀　菊地信義
 ISBN978-4-634-47505-2